국립 목포해양대학교
MOKPO NATIONAL MARITIME UNIVERSITY
海洋文化政策硏究센터

청소년바다문고

5

역사와 범선

김성준 지음

KW 교우미디어

국립 목포해양대학교
MOKPO NATIONAL MARITIME UNIVERSITY
海洋文化政策研究센터
청소년바다문고 • 5

역사와 범선

초판 인쇄 / 2015년 6월 5일
초판 발행 / 2015년 6월 10일

지은이 / 김성준
펴낸이 / 오상훈
펴낸곳 / 교우미디어
출판등록 / 제305-2011-000007호
주소 / 서울특별시 동대문구 약령시로 8 교우빌딩 2층
전화 / 925-2866(대표), 925-2825(편집부), 969-5762(홈쇼핑)
팩스 / 925-2860
이메일 / kyowoo@kyowoo.co.kr
홈페이지 / http://www.kyowoo.co.kr
북스토어(쇼핑몰) / http://www.kyowoo.co.kr

ISBN 979-11-85417-10-3 (44400)
979-11-85417-06-6 (세트)

값 13,000원

간행사

2014년 4월 16일은 우리 해양사에서 결코 잊혀지지 않을 비극의 날로 기록될 것이다. 그러나 이러한 비극적인 일이 바다에서 일어났다고 해서 우리가 바다를 경원시하거나 두려워해서는 안 될 것임은 분명하다. 지난 두 세대 동안 우리나라의 해양산업은 조선 세계 1~2위, 해운 세계 5~6위, 수산 세계 12~13위권으로 성장하였다. 그러나 해양계에서는 정부와 국민의 해양 인식이 매우 낮다는 사실을 지적하고, 삼면이 바다인 우리나라가 한 단계 도약하기 위해서는 바다를 적극적으로 이용하고 개척해야만 한다고 주장해 왔다. 이런 상황에서 발생한 '세월호' 사고는 우리 국민들의 배와 바다에 대한 인식을 기존 보다 더 악화시켜 버린 결정적인 계기가 될 것이다.

그러나 우리가 배와 바다를 멀리 하려해도 부존자원이 적고, 자체 내수 시장이 작은 우리의 현실에서는 배를 통해 원자재를 수입해서 완제품을 만들어 해외로 수출하지 않으면 안 되는 경제구조를 갖고 있다. 그러한 까닭에 우리는 배와 바다를 단순히 교통수단이나 교통로로 이용하는 데 그칠 것이 아니라, 연구하고, 도전하고, 이용하고, 투자하여 미래의 성장 동력이자 우리의 삶의 터전으로 삼지 않으면 안 된다. 이러한 사실을 기성세대에게 인식시키는 데는 많은 노력을 기울여야 하는 데 반해, 그 효과를 기대하기는 어렵다. 따라서 우리의 미래를 짊어질 다음 세대들에게 바다의 역사와 문화, 배와 항해, 해양 위인의 삶과 역사적 의미 등을 가르쳐 배와 바다를 아끼고, 좋아하고, 도전하고, 연구하는 대상으로서 자기 삶의 일부로 친근하게 느낄 수 있도록 교육하는 일이 무엇보다 중요하다. 왜냐하면 우리의 미래를 이끌고 갈 주인공이 청소년들이기 때문이다.

다른 분야와 마찬가지로 우리의 청소년들이 지식과 사고력을 기르는 기본 도구인 교과서에 해양 관련 기사가 매우 적다는 것은 익히 알려진 일이다. 그나마 교과서에 포함된 장보고나 이순신, 울릉도와 안용복 등의 기사도 교과서의 특성상 한 쪽 이상을 넘어가기는 매우 어렵다. 이러한 두 가지 점에 착안하여 우리의 미래를 이끌어갈 청소년들에게 교과서에서 미처 배우지 못한 배와 항해, 해양문학, 해양역사, 해양위인, 해양문학과 관련된 내용을 배울 수 있는 부교재로 청소년바다문고를 간행하게 되었다. 초등학교 고학년부터 고등학생에 이르기까지 국어, 국사, 사회 등의 교과서에 실린 바다 관련 기사의 내용을 보완하는 부교재로 널리 활용되기를 바라는 마음 간절하다. 이 청소년바다문고 시리즈가 간행되는 데 재정 지원을 해주신 트라이엑스(주)의 정헌도 사장님과, 도서출판 교우미디어의 오판근사장님과 편집부 직원들에게 감사의 말씀을 전한다.

2015. 새봄

국립목포해양대학교

해양문화정책연구센터

센터장 김 성 준

머리말

해양 활동을 하기 위해서는 배를 타고 바다로 나아가지 않으면 안 되는데, 흔히 '해양사'란 제하로 나온 책들을 보면 이런 사실이 간과되어 있음을 보게 된다. 이순신하면 먼저 '거북선'이, 넬슨하면 '빅토리'호가, 드레이크하면 '골든하인드'호가 각각 떠오른다. 따라서 배와 바다는 서로 떼어놓고 따로 분리해서 생각할 수 없다. 그럼에도 불구하고 '관념이 지배하는 나라'인 우리나라에서는 바다를 바라보는 시각에서 쓰인 작품은 많이 있지만, 바다에서, 즉 배 위에서 바라보는 관점에서 쓰인 작품을 찾기 어렵다. 이는 배를 타는 것을 업으로 하는 인구의 비율이 전체 인구에서 차지하는 비중이 적고, 바다를 무대로 한 역사적 경험이 많지 않기 때문이다. 그 결과 우리의 역사는 이양선의 출현과 개항, 그리고 식민지로 귀결되었다.

우리의 미래를 짊어질 청소년들이 정규 교과 과정에서 배와 바다를 접할 기회는 거의 없는 것이나 다름없다. 따라서 비록 교과서의 부교재로 활용하는 데는 한계가 있지만, 해양활동을 하는 데 기본 전제인 배를 알지 않고서는 바다를 제대로 이해할 수 없다는 생각에서 청소년바다문고에 『역사와 범선』을 포함시켰다. 이 책은 세계의 바다에서 두드러진 활동을 한 역사적인 '범선'을 다루고 있다. 배가 역사 속에 등장하게 된 배경부터 최초의 배, 인류의 문명을 이끌었던 이집트와 그리스, 바이킹의 범선, 그리고 근대 세계 해양을 두고 벌였던 유럽의 범선들, 그리고 중국의 대항해자 정화의 보선, 아랍의 다우선, 일본의 화선, 우리의 한선 등을 역사적인 배경 속에서 다루었으므로 청소년 독자들이 이 책만으로도 세계 해양사를 일별할 수 있을 것이다. 여기에 실린 글은 한국해양산업연맹의 기관지인 Sea&(2011.1-2012.1)에 게재되었던 글을 수정한 것임을 밝혀둔다. 이 책을 읽은 청소년들이 배를 타고 바다를 항해해 보고 싶다는 생각을 갖게 된다면 더 바랄 것이 없겠다.

2015. 새봄

고하도 앞 海竹軒에서

김 성 준

차 례

1
배와 돛, 문명에 날개를 달다

"인간이 만든 움직이는 가장 아름다운 구조물은 돛단배"라는 말이 있다. 이 말을 듣는 사람이라면 누구나 그 말에 고개를 끄덕이게 된다. 푸른 바다를 배경으로 하얀 돛을 휘날리며 항해하는 돛단배의 모습에서 사람들은 심미적 아름다움뿐만 아니라 장엄함까지 느끼게 된다. 18~19세기 전성기 범선시대의 영국인들은 범선을 '흰 날개(white wing)'라고 불렀다. 그런데 사람들이 상상하는 우아한 돛단배는 수천 년 간 인간의 경험과 지혜가 축적된 결과물이었다는 사실을 아는 이는 많지 않다.

사람들은 보통 부를 창출해내는 것이 뭔가를 재배하

거나 만들어내는 사람, 또는 상품의 원재료를 채굴해내는 생산자라고 생각하는 경향이 있다. 이는 어느 면에서는 맞는 말이다. 그러나 엄밀히 따져보면 생산물이나 상품을 생산지에서 다른 지역으로 운송할 방법이 없다면 부의 상당량은 무용지물이 된다. 그런 의미에서 『정글북』의 작가 키플링(Rudyard Kipling)이 자신의 소설에서 언급한 "운송은 문명이다"라는 말은 역사적 진실을 가장 함축적으로 표현했다고 할 수 있다.

돛, 나일강이 낳은 위대한 유산

언제 누가 배를 처음으로 만들었는지는 알 수 없지만, 세계 각 지역에서 거의 비슷한 경로를 따라 배가 만들어졌다는 것은 흥미로운 사실이다. 실물상 가장 오래된 돛단배는 이집트 나일강 서안에 위치한 나카다(Naqada) 지역에서 발굴된 항아리에 그려진 외돛단배이다. 전형적인 이집트의 파피루스배로 보이는 외형에 네모 돛 하나를 달고 있는 배로, 아마도 나일강에서 사용되었음직한 갈대배를 잘 묘사한 것으로 여겨진다. 이 외돛단배가 지금까지 역사상 처음으로 돛을 이용한 배로

이집트의 외돛단배(대영박물관 소장)
자료 : Sean McGrail, *Ancient Boats and Ships*, p.57.

인정받고 있는 배다. 이 배의 정확한 연대에 대해서는 연구자에 따라 무려 600년의 차이가 날만큼 의견이 분분하다. 서울대 조선공학과의 故 김재근 교수는 이 항아리의 연대를 기원전 2900년으로 추산하고 있는 반면, 뉴욕대의 라이오넬 카슨(Lionel Casson) 교수는 기원전 3500년 경으로 추산하고 있다. 이에 대해 피터 캠프(Peter Kemp)와 선 맥그레일(Sean McGrail)은 기원전 3100년 경으로 보고 있다. 누구의 추정이 정확한지는 알 수 없지만, 이 돛단배가 현재까지 확인된 가장 오래된 돛단배라는 사실에는 변함이 없다.

고대 4대 문명 가운데 이집트에서 인류 역사상 최초의 돛단배가 출현할 수 있었던 이유는 무엇이었을까? 이집트 문명은 나일강 주변에서 꽃을 피웠다. 나일강은 카이로 근방의 삼각주에서부터 아스완에 있는 제1폭포에 이르기까지 약 800km에 달하는 폭이 넓고 탁 트인 수로이기도 하다. 게다가 나일강에서는 하류로 내려갈 때는 물의 흐름을 따라 가면 되고, 상류로 거슬러 올라갈 때는 노를 저어주면 되었다.

그러나 이집트에는 나무가 부족한 반면, 갈대는 흔했다. 솜씨 좋은 이집트 사람들은 갈대를 엮어 선체를 만들어 뗏목을 만든 다음 차츰 이를 개선시켜 마침내 배로 발전시켰다. 이집트의 뱃사람들은 잔잔한 강 위에서 노를 저어 배를 움직이는 데 아무런 어려움이 없었다. 하지만 좀 더 편한 것을 찾던 재주 좋은 사람이, 19세기 카메룬에서처럼, 배 위에 종려나무를 세워서 바람을 맞아도 잔잔한 나일 강 위에서 거뜬히 배가 움직인다는 사실을 알아채는 데는 그리 오래 걸리지 않았을 것이다. 역사상 처음으로 가장 중요한 항해 장치인 돛을 사용하기에 이른 것이다. 항아리에 그려진 네모돛단배는 종려나무를 베로 대체한 결과로 탄생하게 된 것이다.

종려나무 돛을 단 배(19세기 카메룬)
자료 : 라이오넬 카슨, 『고대의 배와 항해 이야기』, p.28.

인류가 인력이 아닌 자연의 힘, 즉 바람을 이용하기 위해 돛을 발명한 것을 두고 라이오넬 카슨 교수는 "운송수단의 발전사에서 신기원을 이룩했다"고 지적했다. 이집트 항아리의 외돛단배를 근거로 할 경우 인류는 대략 기원전 3000년 전후에 돛을 사용한 셈이다.

돛 달기 이전의 배

그런데 인류가 배를 사용하게 된 것은 이미 20만 년

전 또는 최소한 3만 년 전에 이미 어엿한 배가 존재했다는 학설이 있다. 기원전 20만 년 전 호모 에렉투스나 네안데르탈인들이 뗏목 같은 것을 이용하여 물을 건널 수 있었을 것이고, 기원전 3만 년 경 현생 인류의 조상인 호모 사피엔스 사피엔스는 아시아에서 베링 해를 건너 북미대륙으로 이동했다.

하지만 이들이 설사 강이나 물을 건너고, 바다를 건넜다고 하더라도 이들이 사용했을 뗏목은 우리가 배라고 얘기하는 것과는 거리가 멀다. 우리가 보통 배라고 얘기하는 것은 '이동성과 적재성을 갖춘 오목한 인공 구조물'을 가리킨다. 그러므로 오늘날 제주도 지역의 고기잡이 도구인 테우를 배로 볼 수는 없을 것이다.

인류가 배를 이용했음이 구체적으로 확인되는 시대는 유럽의 빙하시대가 끝나는 중석기 시대다. 우연의 일치처럼 이 시기에 사용되었던 마상이가 스코틀랜드와 네덜란드에서 발굴되었다. 마상이는, 시기는 다소간에 차이가 있지만, 전 세계적으로 가장 널리 사용된 것으로 배의 가장 근원적 형태라고 얘기할 수 있다.

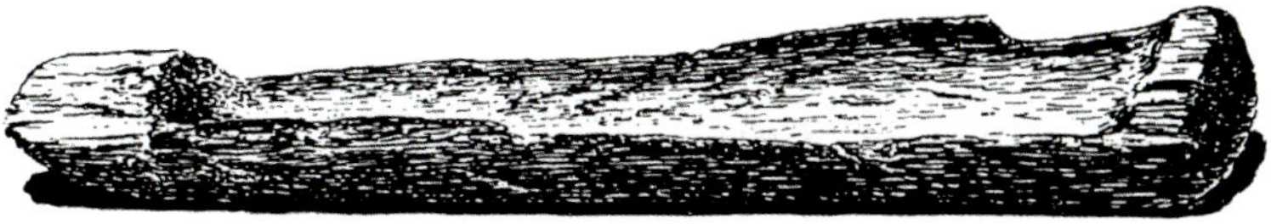

네덜란드에서 발굴된 가장 오래된 마상이(기원전 6300년)
자료 : Richard Woodman, *The History of Ship*, p.11.

암각화에 나타난 배

오늘날의 견지에서 배라고 부를 수 있을만한 최초의 흔적들은 대부분 암각화에 남아 있다. 유럽의 경우 스칸디나비아 지역의 암각화에 적어도 기원전 2000년 이전의 배의 모습이 새겨져 있는 것이 남아 있다. 현재 남아 있는 스칸디나비아의 암각화에 새겨진 배를 보면 지중해의 배와 어떠한 연관도 없는 것처럼 보인다. 돛을 사용한 흔적이 전혀 보이지 않음은 물론, 선형 자체가 판이하기 때문이다. 암각화를 보면 스칸디나비아 인들이 배를 어떤 재료를 사용하여 만들었는지 확인할 수 없지만, 나무를 두 줄로 길게 늘어뜨린 다음 가죽을 잇대어 선체를 만들었던 것으로 보인다. 고물과 이물 쪽에 나무 두 줄이 선체 밖으로 돌출되어 있는 모습이 뚜렷하게 새겨져 있는데, 이는 아마도 배를 육지에서 옮

청동기 시대 스칸디나비아의 암각화
자료 : Peter Kemp, *The History of the Ships*, p.39.

기기 위한 들것 역할을 하기 위한 것으로 보인다. 스칸디나비아 배의 역사에서 또 하나의 흥미로운 사실은 기원후 7~8세기에 제작된 것으로 확인된 이 지역의 발굴선의 선형도 청동기 시대의 가죽배의 선형을 그대로 닮았다는 사실이다. 이 점에서 역사는 불연속적 발전 보다는 연속적 발전이라는 말이 진리에 좀 더 가깝다고 할 수 있다.

암각화라고 하면 우리나라도 빼놓을 수 없는데, 울주의 대곡천변 반구대의 바위에 새겨진 암각화에는 우리나라에서 가장 오래된 배가 새겨져 있다. 신석기 시대에서 청동기 시대에 걸쳐 한국의 선조들이 바위 위에 새겨놓은 이 바위그림에는 호랑이, 사슴, 고래 등의 동물과 함께 배 4척이 새겨져 있다. 이 배는 통나무를 파

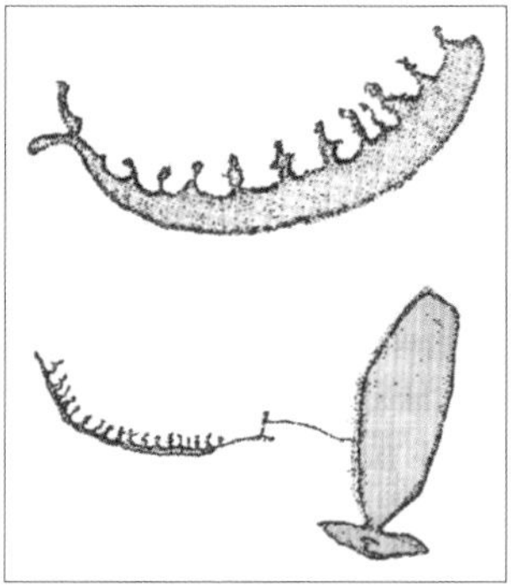

울주 대곡천변 반구대 암각화 중의 고래잡이배(신석기~청동기시대)

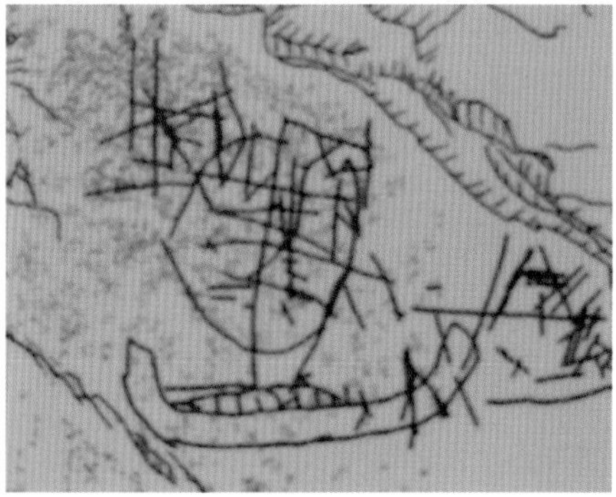

진천리 암각화 중의 돛배(삼국시대 초기)

내 만든 마상이로서 한민족이 일찍부터 배를 만들어 바다로 나가 고래를 잡았음을 보여주는 자료이다. 그만큼 우리 민족의 배의 역사도 어느 민족 못지않은 유구한 전통을 갖고 있다고 하셨다. 이보다 나소늦은 삼국시내초기의 암각화로 울주 진천리 암각화에 새겨진 돛배도 우리 조상들이 일찍부터 배를 이용했음을 보여준다.

2
지중해를 향해한 첫 주인공들
: 이집트와 페니키아의 배

이집트, 역사의 돛을 달다

인류의 4대 문명이 모두 강 유역에서 발달했음은 누구나 아는 바지만, 이집트는 다른 3개 문명권과는 다른 특징을 보여주고 있다. 그것은 나일강을 무대로 한 주운이 특히 발달했을 뿐만 아니라, 강과 바다의 주인공인 배에 관한 풍부한 자료를 남겨주고 있다는 점이다. 이집트인들이 나일강의 갈대를 이용하여 파피루스배를 만든 것이 기원전 4000년 전후다. 이집트인들은 갈대배의 출현 직후 돛을 배에 설치함으로써 역사상 최초의 돛단배 사용자라는 영광을 차지하게 되었다.

그러나 강이나 바다에서 갈대배를 활용하는 데는 한계가 있기 마련이었고, 이집트인들은 배를 더 튼튼하게 만들어야 할 필요성과 능력을 모두 보유하고 있었다. 기원전 3000년을 전후하여 이집트인들은 강력한 파라오의 왕권을 자랑이라도 하듯이, 피라미드를 짓기 시작하였다. 온통 모래뿐인 사막 한 가운데 피라미드를 세우기 위해서는 육중한 돌을 대량으로 실어 날라 와야 했고, 갈대배로 돌을 실어 나를 수 없다는 것은 너무나 자명했다. 목재가 유일한 해결책이었지만, 불행히도 이집트에는 우거진 숲이 없었다. 이집트인들이 찾아낸 해법은 주위에서 흔히 볼 수 있는 아카시아 나무를 활용하는 것이었다. 그런데 아카시아 나무는 잘 부서지고 길게 켤 수가 없다는 단점이 있었다. 따라서 이집트인들은 아카시아 나무를 짧게 켠 뒤 이를 이어 붙여 배를 만들었다. 역사학의 아버지 헤로도토스는 이집트인들이 배짓는 기술에 대해 흥미 있는 기술을 남겼다.

"이집트인들이 화물을 나르는 데 이용하는 배는 아카시아 나무로 만들었다.…아카시아 나무에서 길이 2 페키스

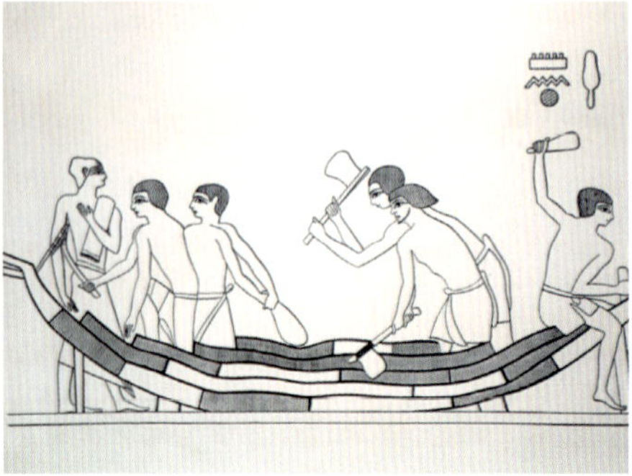

배를 짓고 있는 이집트인(BC 2000)
자료 : 베닌 하산 무덤의 부조(안트베르펜해양박물관 재생도, 필자 촬영)

(90cm) 가량 되는 널빤지를 켜내 벽돌처럼 쌓아 서로 엇갈리게 이어 선체를 만드는데, 그 공정은 다음과 같다. 튼튼하고 긴 나무못을 사용하여 널빤지를 이어 간다. 선체가 완성되면 그 위에 갑판을 버티는 가로들보를 걸친다. 늑재(frame)를 일체 사용하지 않고, 널빤지의 이음매는 안쪽에서 파피루스를 넣어 틀어막는다. 키는 하나밖에 만들지 않는데, 바닥판(용골)을 관통하여 장착시킨다. 돛대는 아카시아 나무로 만들고 돛은 파피루스로 만든다."

나무배, 갈대배를 대체하다

목재라는 새로운 재료로 배를 만들어야 할 이집트의 장인들은 앞뒤가 네모난 배를 만들어 냈는데, 오늘날의 견지에서 보면 배라기보다는 거룻배에 가까웠다. 그러나 인류 문명을 선도했던 이집트인들은 창의성을 발휘

기자의 피라미드에 그려진 이집트 초기 목선(BC 2300-2400)
자료 : Lionel Cason, 『고대의 배와 항해이야기』, f.1.

하여 이내 갈대배와 같이 유려한 곡선을 지닌 목선을 만들어 내었다. 기원전 2300~2400년경 기자의 피라미드에 그려진 이집트의 목선을 보면, 중앙에서 약간 앞쪽으로 두 갈래의 돛대를 세우고 그 꼭대기에 활대를 가로질러 네모 돛을 설치하였고, 고물(선미)에서 두 사람이 키를 이용해 방향을 조종했음을 알 수 있다. 돛대는 눕힐 수 있도록 만들었는데, 이는 나일강에는 연중 지중해 쪽에서 계절풍이 불어오므로 강을 내려갈 때는 돛을 내리고 노를 저어 내려가고, 상류로 거슬러 올라갈 때는 노를 걷고 돛만으로 항해할 수 있었기 때문이다.

이집트인들이 목선을 만드는 방법은 아주 독특했다. 요즈음 나무로 배를 만들 때는 용골을 깔고 늑재로 골격을 짠 뒤 여기에 판재를 이어 붙여 외판을 만드는 게 보통이다. 하지만 이집트인들은 용골이나 골격을 짜지 않고 널빤지로 선체를 만들고, 그 안쪽에 가로들보를 설치하였다. 외판은 짧게 켠 목판을 나무못이나, X형 쐐기 등으로 이어붙이고, 판재와 판재는 촉꽂이 이음으로 연결하였다. 이와 같은 구조법은 필연적으로 종강도가 약하기 마련이어서 선수와 선미를 연결하는 호깅 트러스(hogging truss)로 보강하지 않을 수 없었다. 호깅 트러스는 이집트 배에서만 이용되었던 독특한 종강도 유지법이었다.

고대 최대의 배 오벨리스크 운반선

현재 남아 있는 이집트 배 관련 자료 가운데 가장 인상적인 것은 기원전 1500년경 하트셉수트(Hatshepsut) 파라오의 피라미드에 부조된 배들이다. 하트셉수트는 이

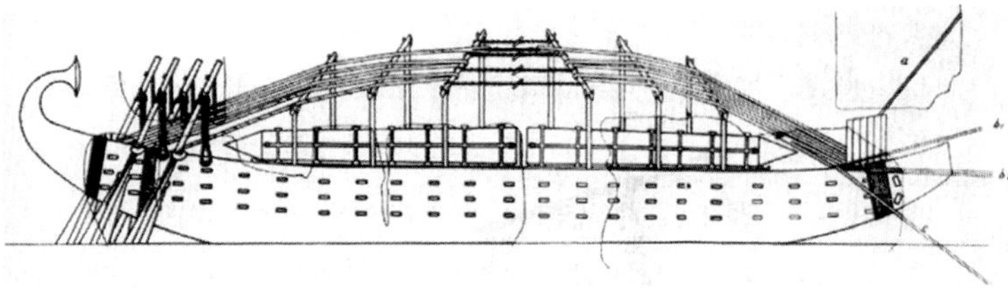

오벨리스크 운반선(1500 BC)
자료 : Casson, 『고대의 배와 항해이야기』, p.37.

집트 전성기에 강력한 왕권을 행사했던 여걸이자 미모의 파라오였다. 그녀의 피라미드에 새겨진 부조 가운데 거대한 오벨리스크(obelisk) 2개를 운송하고 있는 이집트 배의 모습이 보이고 있다. 이 배의 모습을 보면 돛이나 노가 없고 키만 양 뱃전에 두 개씩 모두 4개가 장착되어 있다. 갑판 위에는 여러 가닥의 밧줄이 고물과 이물에 연결되어 있고, 뱃전 쪽에 3열로 가로들보가 넣어져 있다. 그리고 배의 이물 쪽에는 끌줄 4줄이 27척에 연결되어 있다. 현재 하트셉수트 파라오의 피라미드 앞에 오벨리스크 한 개가 남아 있는데, 이 오벨리스크의 무게는 대략 350톤 정도이다. 따라서 이 배에 실려 있는 화물의 무게만 700톤에 이른다. 이렇게 중량화물을 운송하기 위해서는 배도 튼튼해야 했으므로 보통 1열인 가로들보를 3열로 만들고, 고물과 이물이 주저앉는 것을 막기 위해 여러 가닥의 줄(hogging truss)을 엮어 고물과 이물을 잡아 묶었던 것이다.

이 배의 대략적인 크기는 길이 60m, 너비 21~24m, 배 자체의 무게만 800톤에 이르는 것으로 추정되고 있다. 그러므로 이 배의 배수량은 화물 무게 700톤과 배 자체 무게 800톤을 합하면 1500톤에 이르게 된다. 이 배를 끌기 위해 끌배 27 척이 동원되었는데, 끌배 한 척당 노잡이가 30명이 타고 있었으므로 모두 810명이 동원되었던 셈이다. 이 정도 크기의 배는 이집트, 그리스, 로마 등 고대는 물론이고, 유럽에서도 목조 범선이 전성기를 누렸던 18세기 말까지도 건조된 적이 없었다.

람세스 3세의 해전도

오벨리스크 운반선 외에 람세스 3세(Ramses III, ?~1156 BC)의 피라미드에 부조된 해전도(海戰圖) 또한 해양사적으로 아주 중요하다. 기원전 1200년 전후 이집트 지역에는 외래인들의 침입이 잦았는데, 람세스 3세는 함대와 군대를 동원해 이들을 격퇴했다. 그는 자신이 테베

근처에 세운 신전 벽에 당시의 전투 장면을 새기도록 했는데, 이 부조들 가운데 당시의 해전 장면이 포함되어 있다. 이 부조는 오늘날 남아 있는 해전 장면 가운데 가장 오래된 것이다. 이 부조를 살펴보면 이집트 갤리선들은 모두 노가 달려 있고, 적선은 노를 거두고 돛도 내린 상태이다. 이는 이집트 함대가 나일강 하구에 정박해 있는 적선을 기습할 당시의 장면을 조각한 것이기 때문이다. 적선들은 이물과 고물이 곧고, 끝이 백조나 오리의 머리 모양으로 마무리되어 있어 전체적으로 각진 모양을 하고 있다. 이에 반해 이집트 배들은 선체가 파피루스 배처럼 곡선을 이루고 있고 이물과 고물이 특별한 모양새를 갖고 있지 않다.

람세스 3세의 군선을 하트셉수트의 배와 비교해 보면, 몇 가지 점에서 차이가 남을 알 수 있다. 우선 선체가 이전에 비해 더 짧아지고 육중해졌다. 이물과 고물의 처리 방식도 달라졌다. 하트셉수트의 배는 뒷부분이 곡선을 그리며 구부려졌고, 끝단을 연꽃 봉오리로 마무리하였다. 그러나 람세스의 군선은 뒷부분에 아무런 장식이 없고, 약간 위로 휘어져 있을 뿐이고, 뱃머리도 사자머리로 마무리하였다. 그리고 가장 중요한 변화는 갑판 위에 고물과 이물을 연결해 주는 줄이 없어졌다는 점이다. 하트셉수트의 오벨리스크 운반선이나 푼트(Punt, 소말리아 부근) 상선대에는 종강재가 없었기 때문에 고물과 이물이 주저앉는 것을 방지하기 위해 고물과 이물을 여러 가닥의 줄로 연결했었다. 그러나 람세스의 군선에는 이러한 줄이 보이지 않는다. 이는 그만큼 이집트인들의 배짓는 솜씨가 좋아졌다는 것을 의미한다.

이집트인들은 오랫동안 고정되지 않은 노(paddle)를 사용했으나, 기원전 2500년 직후에 고정식 노(row)를 사용하기 시작하였다. 이집트의 고정식 노는 길이가 짧아 비교적 수직에 가까운 각도로 설치되었으므로 노를 젓는 데 힘이 많이 들었다. 이집트의 노잡이들은 노를 물속에 담글 때는 자리에서 일어섰다가 노를 잡아당기며 물살을 휘저으면서 자리에 주저앉아야 했다.

페니키아, 지중해를 휩쓸다

미케네 민족이 지중해를 휩쓸고 지나간 뒤 기원전 1000~600년경까지 지중해의 패권은 오늘날 레바논 지역의 가나안(Canaan) 민족에게 넘어가게 된다. 이들은 그 중심 도시인 시돈의 이름을 따 시돈인(Sidonian)으로 자처했지만, 오늘날에는 보통 페니키아인(Phoenician)으로 알려져 있다. 이는 그리스인들이 시돈 인들이 값비싼 붉은 색 염료를 만들 줄 알았기 때문에 '자색(紫色)의 사람(Phoenicis)'이라고 불렀던 데서 유래한 것이다. 뛰어난 뱃사람들이자 장사꾼, 솜씨 있는 장인(匠人)이었던 페니키아인들은 키프러스에 식민지를 건설한 것을 시작으로, 사르디니아와 북아프리카 연안에도 식민지를 건설하였다. 페니키아인들은 기원전 1100년 즈음 튜니스만에 우티카(Utica)라는 식민지를 세웠고, 곧이어 카르타고를 건설하였다. 이들은 여기에서 머무르지 않고, 당시에 '헤라클레스의 기둥'으로 알려져 있던 지브롤터 해협을 지나 이베리아 반도 남단에 가데스(Gades, 스페인의 Cadiz)라는 식민지를 건설하였다. 페니키아인들은 이들 식민지들뿐만 아니라 지중해와 인도양에 있는 거의 모든 민족들을 상대로 하여 무역을 했다. 헤로도토스에 따르면, 기원전 600년 즈음 이집트의 네코(Necho, 609~594 BC) 왕에게 복무하고 있던 페니키아인들이 홍해에서 출발하여 아프리카를 돌아 지중해를 거쳐 3년 만에 이집트로 되돌아왔다고 한다. 페니키아인들이 이렇게 지중해의 해상무역을 장악할 수 있었던 것은 항해술과 선박 운용기법이 뛰어났기 때문이었다. 크세노폰(Xenophon)은 "내가 이제껏 본 것 가운데 가장 완벽하게 잘 정돈되어 있었던 것은 페니키아의 커다란 돛배였다"고 적고 있다.

페니키아인들이 어떻게 배를 만들었는지는 구체적으로 밝혀지지 않았지만, 남아 있는 자료들을 통해 대체적인 모습을 파악할 수 있다. 사르곤(Sargon) 궁전의 부조에는 나무를 운송하고 있는 페니키아의 상선의 모습이 새겨져 있다. 이를 보면 선수는 말 모양으로 만들었고, 목재를 배 위에 실어 나른 것이 아니라 물 위에 띄워서 끌고 가고 있다. 그리고 배는 주로 노를 저어 움직였지만, 네모 돛을 사용하기도 하였다. 센나케리브 왕(Sennachrib, 704~681 BC)의 궁전의 부조에는 페니키아의 군선과 수송선이 새겨져 있다. 이를 보면 페니키아의 전선은 배의 앞쪽이 뾰족하게 튀어 나와 있고, 노꾼들은 뒤로 돌아 앉아서 노를 젓고 있다. 선수의 충각(衝角, ram)은 페니키아 배에서 처음 등장한 것으로, 이는 상대 배를 충돌시

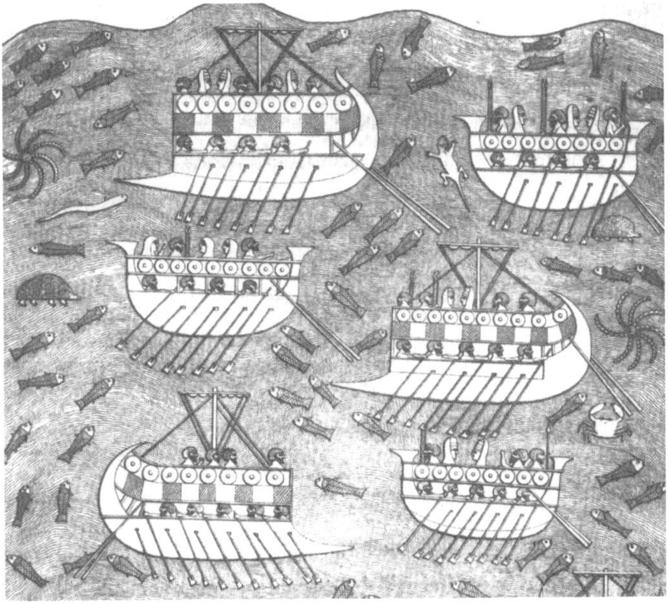

페니키아의 전선과 상선
자료 : Richard Woodman, *The History of Ships*, p.17.

켜 침몰시키기 위한 장치였다. 돛대는 하나가 설치되어 있고, 키는 선미 쪽 양 옆에 하나씩 설치하였다. 그리고 수송선은 전체적으로 전선과 비슷하지만 선수의 충돌 장치가 없다는 것만 다를 뿐이다.

이처럼 페니키아인들은 목적에 따라 상선과 군선을 명확히 구분하여 건조하였다. 유럽의 경우 15~16세기까지 상선과 군선이 그렇게 명확하게 구별되지 않았다. 이런 사실을 감안하면 페니키아인들이 얼마나 해상 활동에 특별한 재주를 갖고 있었는지를 알 수 있다. 페니키아인들의 배가 우수했다는 것에 대해서는 성경(에제키엘서)에도 기록되어 있다.

> "너 티로(티레)는 자랑을 했었다. 나는 세상에 더 없이 아름다운 배라고. 너의 경계는 바다 깊숙이 뻗어나갔고, 조선공들은 과연 너를 아름답게 꾸몄다. 몸통은 스닐산의 전나무로 만들고, 돛대는 레바논의 송백으로 만들었다. 바산에서도 가장 큰 참나무로 노를 만들고 키프로스 회양목에 상아를 박아 갑판을 깔았다. …시돈과 아르왓 사람들이 노를 저었고 띠로의 현자들이 키를 잡았으며, 그발의 장로들과 기술자들이 배의 틈을 메웠고, 항해하는 모든 선원이 너에게 무역 차 왔다."

하지만 기원전 7세기 초부터 페니키아인들은 쇠퇴하기 시작하였다. 지중해 동부에서 앗시리아인들이 잠입해 들어와 페니키아인들이 건설한 항구를 차례로 무너

뜨리자 그들의 무역로는 붕괴되었다. 이에 따라 페니키아인들은 더욱 서쪽으로 이동하여 카르타고를 중심지로 삼았다. 페니키아인들이 상업적으로 번영을 누릴 수 있었던 것은 바다에 대한 그들의 천부적인 태도에 기반을 두고 있었기 때문이었다.

3
아르고 호와 갤리선

'아르고 호'와 황금 양피

오늘날 유럽 문명의 양대 지주를 꼽으라면 주저 없이 헬레니즘과 헤브라이즘을 든다. 그만큼 그리스 문명과 기독교 문명이 유럽 문명의 기저를 이루고 있기 때문이다. 유럽의 문명의 기저에 그리스 문명이 자리 잡고 있다는 것은 유럽 문명이 해양활동과 불가분의 관계에 있었음을 암시한다. 그리스 문명은 해양활동의 산물에 다름 아니기 때문이다. 기원전 15세기 중엽 미케네가 선문명인 미노아(Minoa) 문명을 몰락시키고 에게 해의 패자가 되었다. 이 시기 일단의 영웅들이 황금 양피를 찾아

떠났는데, 그때 탔던 배가 아르고(Argo) 호다. 아르고 호에 승선한 대원들을 '아르고 호의 선원'이란 뜻으로 '아르고너트(Argonaut)'라 하는데, 헤라클레스, 오르페우스, 카스토르, 폴룩스와 트로이전쟁 이전의 쟁쟁한 영웅들이 망라되어 있었다. 호메로스의 『오뒤세이아』에는 아르고 호에 동승한 영웅 50여명이 거명되어 있다.

기원전 1250년 경 이아손을 함장으로 한 아르고 호는 그리스 북부의 이올코스 항(현재의 볼로스)을 출항하여 흑해 동안의 콜키스 왕국으로 향하였다. 이 아르고 호의 항해를 제안한 사람은 펠리아스 왕으로, 그는 이복형인 이아손의 아버지를 왕위에서 쫓아낸 뒤 장성한 이아손이 왕위계승권을 요구하자 황금 양피를 찾아오라는 조건을 붙였던 것이다.

이아손은 수많은 모험을 한 끝에 1500여 마일을 항해한 끝에 콜키스에 도착하여 아이에테스 왕의 황금양피와 메데이아 공주도 함께 데리고 돌아왔다. 메데이아는 마법으로 이아손을 도와 황금 양피를 얻게 도와주고, 부친이 이아손을 추적하는 것을 방해하기 위해 친동생마저 희생시켜 이아손이 황금 양피를 획득하는 데 결정적으로 기여했다. 그러나 훗날 이아손은 코린토스의 글라우케 공주와 결혼하기 위해 조강지처인 메데이아를 내쫓게 되고, 메데이아는 글라우케와 자신의 두 아이마저 살해함으로써 이아손에게 복수한다. 노인이 되어 썩어가는 아르고 호에 등을 기댄 채 쉬고 있던 이아손은 뱃머리가 부러져 떨어지면서 이에 깔려 죽고 만다. 이아손의 이야기는 기원전 3세기경 알렉산드리아 도서관장이었던 아폴로니우스에 의해 『아르고 호의 선원들(Argonautika)』로 기록되어 오늘날까지 전해지고 있다.

인류 최초로 선명을 가진 배 '아르고 호'

배수량 1톤 남짓에 불과한 아르고 호는 용골을 거치하고 뱃전을 이어붙인 뒤 빼대를 집어넣는 방식으로 지어졌다. 용골에는 아테나가 제우스의 신탁을 전하던 도도나의 떡갈나무로 만든 신목을 박아 넣었고, 뱃전 너머로 파도가 쳐들어오는 것을 막기 위해 양현에 버드나무로 엮어 짠 방수판을 설치하였다. 돛대는 하나를 설치했고, 50명의 대원들이 절반씩 양현에 앉아 노를 저을 수 있도록 노가 설치되었다. 길이는 20m, 너비는 4m,

세베린이 복원한 〈아르고 II〉
자료 : 루츠 붕크, 『역사와 배』, p.25.

흘수는 대략 1m 정도였던 것으로 추정된다. 아르고 호는 선명을 가진 최초의 배라는 점에서 선박사상 의미가 있는 배다.

아르고 호의 이야기는 그저 신화 속의 이야기로 치부되어 왔었다. 기원전 13세기에 1500마일에 이르는 바다를 항해할 수 없었을 것이라는 것이 그 주된 이유였다. 그러나 1984년 세베린은 아르고 호의 항해가 실제할 수 있었음을 복원선 〈아르고 II〉를 통해 실증해 내었다. 1984년 5월 2일 세베린은 자원자 20여 명을 〈아르고 II〉에 태우고 볼로스 항을 출항하여 이스탄불에서 지친 선원들을 교체 승선시킨 뒤 7월 21일 코카서스의 리오니 강에 도착하는 데 성공하였다. 이 사이 〈아르고 II〉는 키가 두 번 부러졌고, 시속 7.5km의 역류가 흐르는 보스포러스 해협을 통과해야 했으며, 폭풍을 견뎌내야 했고 총 150만 번의 노를 저어야 했다. 이 항해는 토르 헤이에르달의 〈콘티키〉와 〈RA II〉 항해 이후 가장 유명한 실험항해로 평가되고 있다.

오디세우스, 뱃전 먼저짜기로 배를 만들다

기원전 12세기경에는 북방에서 이주해 온 도리아 족(Dorians)이 그리스 본토로 밀려들어 왔다. 도리아 족의 남하로 미케네 문명은 완전히 파괴되어 기원전 1100~800년 사이에 그리스는 이른바 '암흑시대'를 맞이하게 된다. 도리아 족을 피하여 남하한 무리들이 아테네와 에게해, 그리고 소아시아 지역에 폴리스를 중심으로 한 도시국가를 건설하고, 해외 식민지를 개척하기 시작하였다. 호메로스의 『오뒤세이아』는 바로 이 시기 그리스 폴리스들의 활발한 해외 활동을 배경으로 하였다. 호메로스는 『오뒤세이아』에서 오디세우스가 배를 짓는 모습을 다음과 같이 묘사하고 있다.

> "오디세우스는 나무 스무 그루를 베어 청동도끼로 옆 가지를 친 다음 먹줄에 따라 똑바르게 했다. 칼립소가 송곳을 가져오자 나무마다 구멍을 뚫어 그것을 함께 이어 붙인 다음 나무못과 꺽쇠로 배를 만들었다.…그러고 나서 촘촘히 설치된 늑재(frame)에 붙여 외판을 세웠고, 마지막으로 늑재 위에 긴 널빤지를 댔다.…그는 칼립소가 갖다 준 천으로 돛을 만들고 활대줄을 달고 나서 배를 바다로 끌어내렸다. 나흘째 되던 날 그는 모든 것을 완성했다."『오뒤세이아』, 제5권)

이를 보면 고대 그리스인들이 뱃전을 먼저 만들고 난 뒤 늑재를 붙이고 그 위에 갑판을 까는 '뱃전 먼저 짜기 방식(shell first)'으로 배를 지었음을 알 수 있다. 나무배를 짓는 방법으로는 오디세우스처럼 외판을 먼저 만들고 늑재를 대는 방식과, 늑재를 먼저 만들고 외판을 대는 '골격 먼저 짜기 방식(frame first)'이 있다. 배짓는 법은 '뱃전 먼저 짜기 방식'에서 '골격 먼저 짜기 방식'으로 발전해 갔다. 고대 조선술에서 골격 먼저 짜기 방식이 나타난 것은 대략 기원후 2세기에 이르러서였다.

알키노오스 왕은 오디세우스가 이타케로 돌아갈 수 있도록 배를 내어 주면서 뱃사람 52명도 함께 가도록 했다. 이들 중 최소한 두 명은 고물의 양쪽 뱃전에서 키를 잡았을 것이기 때문에 알키노오스가 내어준 배는 노가 50개인 '펜테콘토로스(pentekontoros)'였던 것으로 추정할 수 있다. 펜테콘토로스는 '쉰 명이 탄 배(fifty-er)'란 뜻으로 기원전 550년경 그리스 도시국가의 주력선이었다. 알키노스가 내어준 펜테콘토로스가 1단 갤리선이라면 노잡이 한 명당 대략 90cm의 공간이 필요하고, 이물 갑판과 고물 갑판, 충각을 합한 길이가 대략 12~15m 가량 되었을 것이다. 그러므로 1단 펜테콘토로스의 전체 길이는 이물에서 고물까지 대략 34~38m 정도였고, 2단 갤리선이었다면 대략 20~24m 정도였을 것이다.

『오뒤세이아』에는 노가 20개인 배에 대해서도 언급이 되어 있다. 오디세우스가 폴리페모스의 눈을 찌르는데 사용한 나무는 폴리페모스가 베어 놓은 몽둥이였다. 그는 그것이 "노가 스무 개 달린 짐배의 돛대만 했다"고 묘사하고 있다. 이밖에 노잡이가 30명인 '트리아콘

테레스(triaconteres)'도 있었는데, 트리아콘테레스는 길이가 23m 정도였던 것으로 추정되고 있다. 전체적으로 보았을 때 고대 그리스의 배는 가로들보의 길이가 배의 앞뒤 길이의 1/10 밖에 되지 않았을 것이므로 길이에 비해 너비가 아주 좁았다. 『오뒤세이아』를 보면 고대 그리스인들이 배의 외판을 검은빛, 흰빛, 주홍빛 따위로 칠했으나, 검은빛이 가장 널리 애용되었음을 알 수 있다.

그리스 배의 특징, 물고기 형상과 선수의 '눈'

그리스 배들은 주로 노를 저어 항해하고 있는 것으로 그려져 있다. 물론 네모 돛을 달고 있기는 하지만, 그리스 배의 주된 동력원은 노였다. 지중해는 비교적 잔잔한 바다였으므로 항구에서 출항하거나 입항할 때, 그리고 바다를 잔잔할 때에는 기본적으로 노를 저어 항해하였고, 뒷바람이 불 때는 이따금 돛으로만 항해하기도 하였다. 돛으로 항해할 때는 키잡이가 방향을 조정했다. 그리스 배는 말할 것도 없고, 이집트와 페니키아의 배에도 키가 달려 있었다. 다만 요즈음 우리가 사용하는 '가운데 키(船尾 中央舵)'가 아니라 '뱃전 키(舷舵, side rudder)'였다는 것이 다르다. 유럽에서 가운데 키는 훨씬 뒤인 12세기 한자도시의 코그(Cog) 선에 처음으로 장착되었다. 이에 비해 중국과 우리나라를 비롯한 동양의 배들은 기원전부터 고물 가운데에 키를 장착하였다.

고대 그리스 배는 전체적으로 물고기 모양을 흉내 내어, 이물에는 사람의 눈을 그려 넣었고, 고물은 물고기 꼬리 모양으로 만들어 매우 날렵한 인상을 준다. 그리스 배들은 이물의 아래에 충각(衝角, ram)을 갖추고 있었다. 이물의 충각은 페니키아의 군선에 처음으로 나타난 것으로 그리스인들이 이를 수용한 것으로 보인다. 보통 충각은 해전에서 적선을 파괴하기 위한 무기로만 간주해 왔었다.

그러나 사우스햄프턴에서의 시험항해 결과 충각은 단순한 무기로서 뿐만 아니라 능파성을 향상시키는 데 큰 효과를 발휘하는 것으로 확인되었다. 오늘날에 건조되는 모든 배들은 선수를 튀어나게 건조하는 데, 이를 1907년 USS Delaware 호에 처음 적용한 D.W. 테일러(Taylor)의 이름을 따서 '테일러의 돌기(突起, Taylor's bulb)' 또는 구상선수(球象船首, bulbous bow)라 한다. 이물에 눈을 그려 넣은 것과 고물을 물고기 꼬리 모양으로 만든 것은

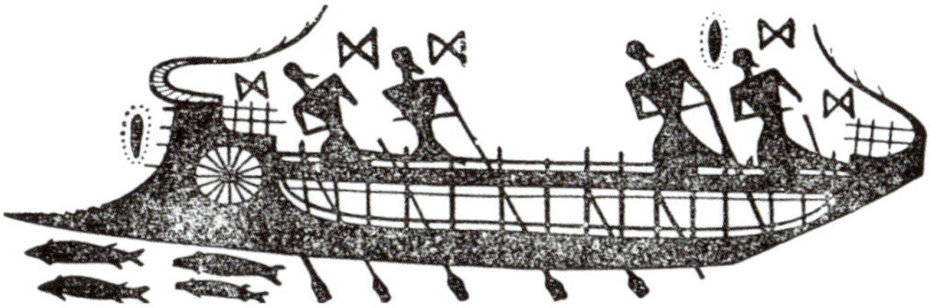

그리스의 1단 갤리선(BC 750)
출처 : 김재근, 『배의 역사』, p.50

그리스 배에만 나타나는 독창적인 양식이다.

그리스인 뱃사람, 배를 따라 항해하다

호메로스의 『오뒤세이아』에는 그리스 인들이 항로를 찾아가는 방법도 소개되어 있다. 오디세우스는 칼립소의 조언에 따라 다음과 같이 항해하였다.

> "오디세우스는 줄곧 플레이아데스(Pleiades, 비둘기 자리)와 늦게 지는 보오테스(Bootes, 목동 자리), 큰곰자리를 쳐다보고 있었다. 큰곰은 같은 자리를 돌며, 오리온을 마주보고 있다. 큰곰은 오케아노스(Oceanos)의 목욕에 참가하지 않기(지지 않기) 때문에 칼립소는 바다를 항해할 때 이 별을 왼쪽에 두라고 말했던 것이다."(『오뒤세이아』, 제5권)

배를 타 본 사람이라면 항해하는 데 가장 긴요한 것은 침로와 동력이라는 것을 잘 알고 있다. 오늘날 뱃사람들이야 자이로 콤파스나 나침반을 통해 방향을 알 수 있지만, 자이로 콤파스는 말할 것도 없고, 나침반이 항해에 이용된 것은 기록상으로는 중국의 경우 11세기, 그리고 유럽의 경우 12세기에 이르러서였다. 따라서 이 이전까지 난바다를 항해하는 사람들은 낮에는 해를, 그리고 밤에는 별을 보며 방향을 찾을 수밖에 없었다.

위에서 살펴본 고대 그리스의 배는 기본적으로 호메로스가 생존했던 기원전 8세기경의 것이라고 보아야 할 것이다. 현재 대영박물관에 소장되어 있는 고대 그리스의 도자기에 이 시기 그리스의 배의 전형적인 모습이 잘 나타나 있다. 기원전 6세기 말에서 5세기 초에 만들어진 이 유명한 도자기에는 세이렌(Seiren) 자매의 곁을 항해하는 오디세우스의 배가 생생하게 묘사되어 있다. 오디세우스는 사람을 홀리는 세이렌의 노래를 듣지 못하도록 뱃사람들의 귀를 밀랍으로 막았으나, 세이렌의 노래를 듣기 위해 자신의 귀는 막지 않았다. 오디세우스는 세이렌의 노래를 듣고 바다에 빠지지 않기 위해 돛대

세이렌 자매와 오디세우스(기원전 6-5세기, British Museum 소장)
출처 : Luc Cuyvers, *Sea Power : A Global Journey*, p.iii.

에 자신의 몸을 묶고 노래를 들었나. 이 노자기에 새겨진 그림을 보면, 이물에는 눈 모양이 새겨져 있고, 고물은 물고기 꼬리 모양으로 되어 있으며, 뱃전 키가 달려 있고, 네모돛은 감아 올린 채 노로만 항해하고 있다. 이것이 호메로스 시대 그리스의 전형적인 배였다.

오디세우스 이후 그리스 폴리스들의 해외 활동이 활발해지면서 그리스의 배들도 발전하기 시작하였다. 그리하여 펜테콘토로스 단층선이나 2층선은 기원전 500

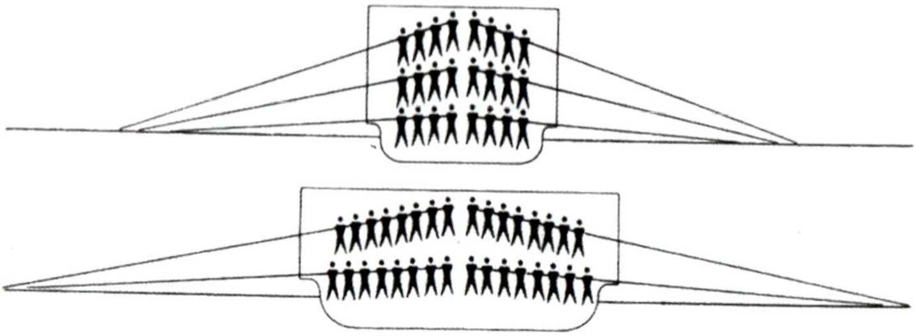

12단선과 16단선 갤리선
출처 : Casson, 『고대의 배와 항해이야기』, p.147

년경에 등장한 3층 갤리선(삼단노선)인 '트리에레스(trieres)'에게 자리를 내어주게 되었다. 이 3층 갤리선이 기원전 500년에서 300년에 이르기까지 지중해 해역을 지배하는 주력 전함이 되었다.

갤리선, 로마의 주력선으로 지중해를 평정하다

로마인들은 육상 민족으로서 자체의 독특한 배나 해전술을 개발하지는 못하였고, 대체로 그리스 배를 계승하였다. 다만 로마가 팽창하면서 지중해 일대에서 해전을 치러야 했으므로 전함의 크기를 대형화시켰다. 그리스인들의 주력함대는 3단노선이었지만, 로마인들은 16

단선까지 이용했다는 기록이 나타나고 있다. 그러나 이 단수는 뱃전에 설치한 노의 층수가 아니라 노 젓는 노잡이 수를 가리키는 것이라는 설이 유력하다. 실제 고대의 어떤 갤리선도 3층 이상으로 노잡이들을 배치하지 않았다. 그렇다면 16단선은 어떻게 노를 배치하였을까? 16단선은 각 층에 노잡이 여덟 명이 젓는 노들을 배치한 2층짜리 갤리선이거나 3층에는 여섯 명이 젓는 노들을 배치하고, 1층과 2층에는 각각 다섯 명이 젓는 노를 배치한 3층짜리 배였을 것으로 가능성이 크다.

로마의 상선, 로마인들을 먹여살리다

로마가 제국으로 발전하면서 이집트, 에스파냐, 그리스, 아라비아 심지어 중국의 산물까지 로마로 흘러 들어왔다. 1년간 로마로 들여오는 곡식만도 15만 톤에 이를 때도 있었다. 수많은 상선들이 부유해진 로마인들의 취향을 만족시켜줄 상품을 싣고 로마와 로마 하구의 항구로 입항하였으며, 로마인들에게 지중해는 이제 '우리들의 바다(Mare Nostrum)'가 되었다. 이에 따라 로마는 상선도 발전시켜야 했다. 오스티아(Ostia)에서 발견된 3세기

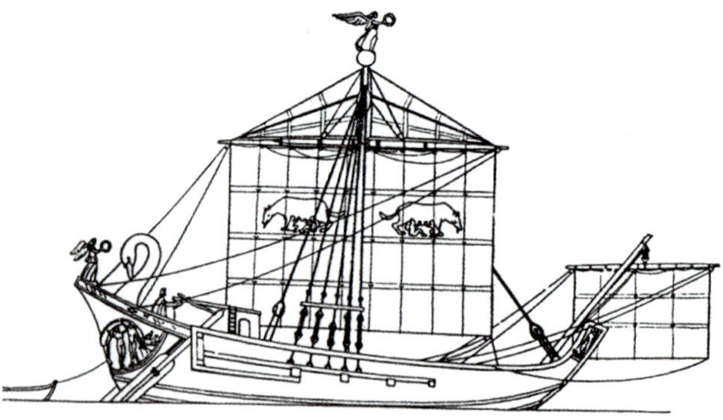

3세기 경 로마의 상선 부조(위)와 복원도(아래)
출처 : P. Kemp, *History of Ships*, p.33; 김재근, 『배의 역사』, p. 63.

경 부조에는 로마 인근의 포르투스(Portus) 항구로 입항하고 있는 상선이 조각되어 있다. 이 상선을 보면 동물 그림이 그려진 네모돛과, 그 위에 톱 세일(top sail)로 세모돛이 보이고, 고물 쪽에 뱃전 키가 달려 있다. 이물 쪽에는 기다란 돛대가 앞쪽으로 뻗쳐져 있는데, 이것은 조타용 돛(steering sail)을 달기 위한 돛대이다. 고물은 마치 백조의 머리 모양으로 장식하였고, 고물 쪽에 보트에 탄 사람이 배를 정박시키기 위해 뭔가를 하고 있다. 그리고 뒤편에 보이는 불꽃은 등대이다.

최근 그리스 배의 잔해가 발굴되기는 했지만, 아직 그 실물을 확인해 주지는 못하고 있는 데 비해, 로마 배는 네미(Nemi) 호와 피사에서 실물이 발굴되었다. 1932년 로마 인근 네미 호수에서 배 두 척과 닻 등이 발굴되었고, 1999년 피사에서도 상선 8척이 발굴되었다. 현재까지 알려지기로는 길이는 배에 따라 7~27m 사이이고, 기원전 3세기에서 기원후 5세기 사이의 상선들로 추정되고 있다. 네미 발굴선은 로마의 3대 황제 칼리굴라(Caligula, 37~41)의 놀잇배로 이용되었던 것으로 알려져 있다. 두 배 중 한 척은 충각장치와 선미재, 그리고 키 등이 발견되었고, 길이는 70m, 너비는 20m 정도이고, 다른 한 척은 보존 상태가 좋지 않지만 대체로 상선이었던 것으로 보이고, 길이는 72m, 너비는 14m이다.

네미 발굴선을 보면, 용골과 안쪽 용골을 갖추고 있고, 좁은 간격으로 늑골과 보를 배치하여 외판을 고착하였다. 그리고 외판 위에 납판을 구리 못으로 부착했고, 갑판을 이중으로 설치하여 기둥으로 받치고 있다. 외판은 두께 10cm, 넓이 30cm짜리 판자를 썼고, 네모난 촉꽂이 방식으로 접합하였으며, 늑골은 두께 20cm, 넓이 30cm짜리 각재를 50cm 간격으로 설치하였다. 네미 호에서는 닻도 발굴되었는데, 이를 보면 닻채(shank)와 닻가지(arm)는 나무로 만들었고, 닻장(stock)은 납으로 만들었다. 이 닻장에는 1275라는 숫자가 새겨져 있는데, 이는 닻장의 무게를 가리키는 것으로 대략 417kg에 해당한다.

고대 지중해 해역에서 상선의 크기를 구분할 때는 '…개를 실어 나르는 배'라는 식으로 말했다. 이 시기에 가장 일반적인 상선은 '만 개를 실어 나르는 배'였다. 만개가 항아리(amphora)의 개수인지 아니면 곡물부대의 숫자인지는 알 수 없지만, 오늘날 적재량으로는 대략 400톤 정도였다.

로마인들의 배의 어느 정도 컸는지 짐작할 수 있게 해주는 사료가 남아 있다. 기록대로 한다면 로마의 상선 중 가장 큰 것은 대략 1200~1300톤에 이르렀던 것으로 보인다.

2세기 경 로마의 대형 곡물선이 바람에 떠밀려 피레우스로 입항하였다. 아테네에 거주하고 있던 루키아누스(Lucianius)는 피레우스까지 5마일을 걸어가 이 배를 본 뒤 다음과 같이 적었다.

> "그 배의 엄청난 크기라니! 그 배의 목수는 내게 배의 길이가 55m이고, 가로들보의 길이는 그 1/4이 넘으며, 갑판에서 배 밑바닥의 가장 깊은 곳까지의 깊이만도 14.6m나 된다고 했다. 게다가 그 돛대하며, 그것에 매달린 활대하며, 돛대를 지탱해주는 앞버팀줄은 또 얼마나 큰지! … 그리고 장식들과 그림들, 앞갑판에 놓여 있는 닻들과 권양기들, 고물 쪽에 마련된 갖가지

시설들, … 거기에 승선한 뱃사람들의 숫자는 군대의 숫자만큼 많을 것임이 분명하다. 그들은 내게 그 배에 아테네의 모든 시민들이 일 년 동안 먹고도 남을 만큼의 곡물을 싣고 있다고 말했다."

그리스인들은 외판을 먼저 만들고 늑골을 만들었지만, 로마인들은 이와는 반대로 먼저 용골과 늑골을 만들고 난 뒤 외판은 촉꽂이 방식으로 접합하였다. 선체 외판의 부식을 막기 위해 납을 덮었는데, 수면 아래는 구리 못을 썼고, 수면 위는 철못을 썼다. 조선술 측면에서 네미선은 고대 최고 수준인 것으로 평가되고 있다.

4
바이킹선과 한자 코그선

바이킹, 중세 유럽을 휩쓸다

우리가 중세하면 으레 '암흑기'라는 뒷말을 연상하게 되는데, 이는 주로 로마가 멸망한 5세기부터 게르만족을 필두로 하여 바이킹과 이슬람 등의 이민족들이 유럽을 휩쓸었던 11세기까지를 일컫는다. 스칸디나비아 반도를 거점으로 활동했던 북방의 게르만족들을 북방인이라는 뜻으로 노르만족이라 불렀다. 그러나 이보다는 바이킹(Viking)이라 불리는 경우가 흔했는데, 그 의미에 대해서는 몇 가지 설이 있다. 하나는 스칸디나비아어의 '하구나 협곡(fjord)'을 뜻하는 'vik'에서 유래했다는 설과,

'성채 도시'나 '시장'을 뜻하는 게르만어 'wik', 또는 '전투'를 뜻하는 'vig'에서 파생한 것으로 보는 설이 있다.

vik이 정확히 어떤 뜻인지는 의견이 분분하지만, '잉(ing)'이 스칸디나비아의 고어로 '누구의 아들'을 뜻하므로 바이킹은 '피요르드에서 온 사람'이나 '성채 도시의 사람들' 또는 '시장 사람들', 혹은 '전사'를 뜻하게 된다. 어떤 것이 옳던지 오늘날 우리가 생각하는 바이킹의 이미지와 대체로 일치한다.

바이킹들은 그 분파에 따라 데인족, 노르웨이족, 스웨덴족 등으로 세분할 수 있는데, 이들 세 부족을 대표로 한 바이킹족들이 전 유럽을 휩쓸고 다녔다고 해도 지나친 말이 아니다. 노르망디 공 윌리엄이 잉글랜드를 정복한 것을 비롯하여, 루스 족은 키에프 공국과 노브고로드 공국을 건설하였고, 노르웨이족은 아이슬랜드와 그린란드까지, 심지어 아메리카 대륙까지 진출하였다.

이렇듯 바이킹들이 말 그대로 유린할 수 있었던 것은 그들의 탁월한 항해술과 모험심 덕분이었다. 바이킹의 배에 대해서는 발굴된 선박이 다수 있기 때문에 비교적 상세하게 알려져 있다.

배무덤 오세베르그 바이킹선

오세베르그 배(필자 촬영)

1904년 오슬로효르드(Oslofjord) 부근 바닷가에서 배 한 척이 발굴되었다. 오세베르그 배에서는 젊은 귀부인과 늙은 노파가 매장된 나무 널 2개가 발견되어 배 무덤이었음을 알 수 있다. 대략 800년경에 만들어져 9세기 후반에 매장된 것으로 보이는 오세베르그 배는 길이 21.5m, 너비 5.1m, 깊이 85cm의 크기로 뱃전은 널빤지 12장을 겹붙여 만들었다. 노는 한쪽에 1.02m 간격으로 15개가 배치되어 있으며, 돛대는 선체 중앙에서 약간 앞쪽으로 설치되어 있는데, 높이는 13m에 이른다. 오세베르그 배 무덤에서는 손수레, 침대, 노, 닻, 곡식, 말 13마리, 개 3마리, 소 1마리도 함께 발굴되었는데, 현재 오슬로 바이킹선박물관에 전시되고 있다.

오세베르그 배와 더불어 바이킹 배로 유명한 배가 고크스타 배인데, 이 배도 배 무덤으로 사용된 것이다.

1880년 노르웨이 남부 고크스타에서 발굴된 이 배는 850년경에 건조된 것으로 원형이 잘 복원되어 있다. 길이 23m, 너비 5.1m, 깊이 2m인 고크스타 배는 제대로 된 용골을 갖추고 있고, 배의 안쪽 밑바닥에는 0.9m 간격으로 나무를 대어 횡강력을 보강했다. 배의 바닥 가로들보는 니담 배와 마찬가지로 뱃전판 안쪽에 만들어 놓은 고리에 잡아 묶었다. 그리고 용골에서 0.6m 위에 일정한 간격으로 가로들보를 대었고, 가로들보 사이에 뺐다 끼웠다 할 수 있는 널빤지를 깔아 갑판 구실을 하도록 했다.

양 뱃전은 널빤지 16장을 겹붙임 방식으로 이어 붙인 뒤 못으로 고정하였고, 위에서 세 번째 널빤지에는 노를 끼워 넣을 수 있는 구멍이 좌우에 16개 나 있다. 노의 길이는 5m 정도이며, 고물 오른쪽 뱃전에는 길이 3m 정도 되는 조종키가 달려 있고, 위층 가로들보 한가운데에 12m 가량 되는 돛대를 꽂았다. 부장품으로 모형 배 3 척, 공작새, 일상용구, 비단, 양모 조각, 철로 된 띠, 말 12마리, 개 6마리도 함께 출토되어 무덤의 주인공이 유력가였음을 암시하고 있다.

고그스타 배(필자 촬영)

오슬로 바이킹선 박물관에서 배우다

오세베르그 배와 고그스타 배는 모두 노르웨이의 수도인 오슬로의 외곽 바이킹선 박물관에 전시 중이다. 국립오슬로대학 부속 문화사박물관에 부설되어 있는 박물관으로서 1926년에 제1건물이 완공되어 오세베르그선을 전시하고, 이어 1932년 측면 전시관이 완공되어 고그스타선과 그 매장품을 전시하였다. 지난 2010년 8월 유럽 5개국의 해양박물관을 조사할 기회에 관람했던 오슬로 바이킹선 박물관은 말 그대로 자그마한 선박박물관에 불과하다. 전시물이라고 해봐야 오세베르그선, 고

그스타선, 툰선과 그 매장품이 전부다. 그럼에도 연간 43만 명이 이 자그마한 대학부속 박물관을 관람하기 위해 전세계에서 찾아오고 있다고 한다. 그럼에도 이 박물관을 운영하는 상주인원은 채 5명이 되지 않는다.

현재 부산 동삼동에 소재한 국립해양박물관의 경우 전시할 유물이 없어 어려움을 겪고 있다는 사실은 잘 알려져 있다. 게다가 유물수집비 123억 원으로 892억 원에 달하는 국립해양박물관을 채워 넣으려 했다. 유물이 충분히 수집된 상태에서 박물관을 짓는 것이 아니라 박물관을 지어놓고 유물을 채워 넣는 이상한 박물관을 지은 셈이다. 그나마도 채워 넣을 만한 해양유물, 즉 박물

오슬로 바이킹선박물관(필자 촬영)

관을 대표할만한 오리지널리티를 가진 해양유물을 찾기란 하늘의 별따기만큼이나 어렵다는 것이다. 더욱 이상한 것은 국립해양박물관의 직원 중 해양 전문가라고 할 만한 사람을 찾기란 쉬운 일이 아니라는 사실이다. '작지만 내실 있는 오슬로바이킹선박물관'에서 해양박물관의 본보기'를 보고 많은 것을 깨닫게 된다.

덴마크 바이킹, 로스킬데 짐배로 해상무역을 하다

바이킹들이 전적으로 싸움 배만을 만들었던 것은 아니다. 고크스타 배도 길이 대 너비의 비율이 4.5 대 1인 것으로 미루어, 병력을 수송하기보다는 물건을 운반할 목적으로 사용된 것으로 추측된다. 바이킹이 상선을 이용했다는 것을 보여주는 대표적인 유물이 덴마크의 로스킬데에서 발굴된 1000년경 바이킹 배이다. 1956년 코펜하겐 서쪽 32km 떨어진 로스킬데 피요르드에서 바이킹 배 5척이 발굴되었다. 로스킬데 발굴선에서 특이한 것은 발굴선 5척이 배무덤이 아니라 외부의 침입을 막기 위해 좁은 로스킬데 만(灣)을 봉쇄하기 위해 일부러 배를 침몰시켰다는 점이다. 그 외에도 5척이 각각 연안

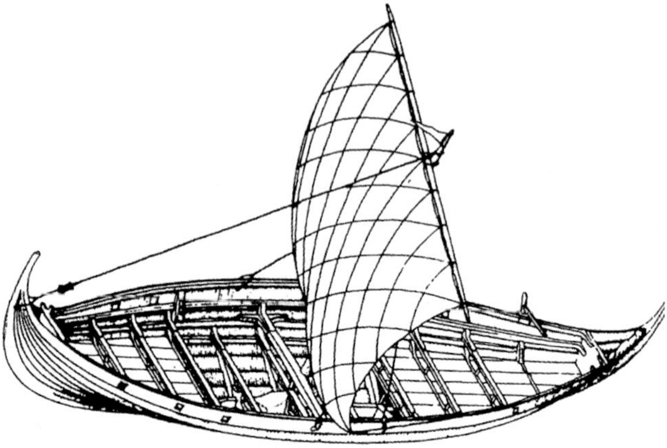

로스킬데 상선 복원도
자료 : Casson, 『고대의 배와 항해이야기』, p.255

상선 1척, 원양상선 1척, 어선 1척, 전선 2척 등으로 바이킹들이 실제 사용했던 모든 선종의 배들이 포함되어 있다는 점도 특이하다.

로스킬데 짐배 중 한 척은 길이 13.7m, 너비 3.2m이며, 돛대가 세워진 배 한 가운데에 뚜껑이 없는 선창이 있고, 돛대를 기준으로 앞 쪽으로 노 구멍이 다섯 개, 뒤쪽으로 두 개가 각각 만들어져 있다. 또 다른 배는 길이 16.5m, 너비 4.6m로 역시 가운데에 뚜껑이 없는 선창이 있고, 이물과 고물에 갑판이 설치되어 있다.

바이킹, 뱃전 먼저 짜기 겹붙임 방식으로 배를 만들다

바이킹 배는 그리스와 로마의 배와는 완전히 다른 독특한 선형을 보여주고 있다. 이물과 고물은 날렵하게 치솟게 만들고 그 끝에 용과 같은 동물의 대가리를 장식하여 위용을 갖추었다. 바이킹 배는 길이 대 너비의 비가 커서 물살을 가르고 빨리 항해할 수 있었으며, 배의 깊이와 건현이 아주 낮아 쉽게 노를 저을 수 있었다. 바이킹 배는 지중해의 갤리선과 같이 너비에 비해 길이가 긴 '긴배' 계열에 속하지만, 노를 배치하는 방법 면에서 차이가 있다. 지중해의 갤리선은 배의 속력을 빠르게 하기 위해 노를 2단, 3단으로 배치하였지만, 바이킹 배는 끝까지 1단으로 배치하였다. 이는 지중해가 평온한 바다여서 노를 젓는 것이 비교적 수월했던 반면에, 북해는 거친 바다여서 노를 2단, 3단으로 배치할 경우 노를 젓는 것이 매우 힘들었던 데서 생겨난 차이이다. 바이킹들이 근해에서만 활동하던 초창기에는 니담 배에서와 같이 돛을 사용하지 않았으나, 8~9세기에 난바다로 진출하면서 돛대를 세우고 네모 돛을 달았다. 배를 짓는 방식에서 바이킹들은 그리스인들처럼 뱃전 먼저 짜는 방식을 따랐지만, 뱃전을 결합하는 방식에서는 그리스인과 로마인들이 촉꽂이 이음 방식을 사용한 것과는 달리, 바이킹들은 겹붙임 방식으로 널빤지를 결합했다.

바이킹, 북아메리카에 발을 내딛다

바이킹들이 북아메리카(Vineland)에까지 진출하였다는 얘기는 오랫동안 '사가(saga)' 속에 나오는 전설로 치부되어 왔다. 바이킹이 북아메리카에 이르렀다는 사실을 입증하려던 학자들은 'vine'이 영어의 '야생포도(vine)'라고 생각해 왔기 때문에 포도나무의 북방한계선인 미국 동해안 일대를 조사하였으나 바이킹의 흔적을 찾는 데 실패하였다. 그러나 1960년 대 초 노르웨이의 고고학자 잉스타트(Helge Ingstad) 박사는 'vine'이 고대 노르만어로 '풀(grass)'일 것이라고 생각해 캐나다 북동부를 탐사하여 뉴펀들랜드 북부에서 사가에 묘사된 바이킹의 정주지와 비슷한 유적지를 발굴하였다. 가옥 유적, 도구, 무기를 조사해 본 결과 이 유적지는 900~1000년대의 것으로 추정되었다. 그리고 1983년 시카고 세계 박람회 때 스웨덴의 안데르손(Magnus Anderson)이 바이킹 배를 그대로 복제한 배를 타고 베르겐에서 뉴펀들랜드까지 항해하는 데 성공하였다. 안데르손은 도중에 아이슬랜드나 그린란드에 들르지 않고 순전히 돛만으로 27일 만에 항해를 완수해 냈다. 이로써 바이킹이 북아메리카에 이르렀다는 주장은 이제 확실한 것으로 받아들여지고 있다.

잉스타드 부부 동상(필자 촬영)

코그선, 유럽식 돛배의 전형을 제시하다

바이킹선이 중세 초기를 대표하는 배라면, 코그선은 전성기 중세 유럽을 대표하는 배다. 코그선이 중세 독일의 한자 동맹(Hanseatic League)은 11~13세기 북유럽의 정치경제를 주도한 도시 동맹체로서 그 배후에는 상인들이 자리잡고 있었다. 독일어의 Hansa는 '무리'나 '친구'라는 뜻의 고트어에서 유래한 말로서, '길드'나 '조합'을 뜻한다. 한자 동맹이 주로 북해와 발트해를 무대로 활동한 만큼 이들은 배를 주요 운송수단으로 사용하

베제르 코그선
자료 : Sean McGrail,
Ancient Boats and Ship(2006), p.46.

지 않으면 안되었는데, 이들이 사용했던 배들을 통틀어 보통 코그선이라고 한다. 독일 브레머하벤의 독일국립 해사박물관에서 코그선 전문가의 설명에 따르면, 코그(cog)란 옛 독일어로 '그릇' 또는 '용기'를 뜻한다고 하는데, 이는 코그가 결국 영어의 vessel과 같은 뜻에서 유래했음을 의미한다.

선형의 하나로서 코그란 단어가 처음 기록된 것은 9세기인데, 독일의 주요 도시의 문장(紋章, seal)에 묘사되는 것 이외에 코그선의 실체를 밝혀줄 만한 것이 없었다. 그러다가 1962년 독일 브레멘의 베제르 강을 준설하는 과정에서 침몰선이 발굴되었는데, 이 배로 인해 코그선의 실체가 상당수 밝혀졌다. 보통 베제르 코그선으로 불리는 이 배는 브레머하벤 독일 국립해사박물관에 보존되어 있는데, 길이 23.27m, 너비 7.62m, 높이 7.02m, 적재부피 160㎥이다. 이 코그선은 바닥판이 선수 끝에서 선미 끝까지 깔려져 있고, 선수재 근처의 뱃전판과 바닥판이 겹쳐져 철못으로 결합되어 있다. 외판과 외판 사이에는 뱃밥으로 틀어막아 물이 스며드는 것을 방지했다.

이 베제르 코그선은 잔존 목재의 연대 측정에 따르면 대략 1380년경의 것으로 밝혀지고 있다. 이미 앞에서 살펴본 바와 같이 바이킹선 이전까지 그리스, 로마, 바이킹의 배들은 돛을 이용하기는 했지만 주동력원이 노였지만, 한자 코그선은 노가 아닌 돛을 이용하여 항해하였다. 또한 바이킹 선까지 유럽의 모든 배들은 방향타를 대체로 오른 편에 장착하였지만, 코그선에 와서야 비로소 타를 선미 중앙에 장착하게 되었다. 이 두 가지 점에서 코그선은 이후 유럽 범선의 원형으로 평가되고 있다.

5
유럽 범선의 모형 카라벨선과 캐랙선

유럽 범선의 원형 '코그'

12세기 즈음 독일에서 등장한 코그선은 첨저형 선저와 중앙타, 그리고 네모돛을 장착하여 이후 유럽 범선의 원형을 제시해 주었다. 코그선은 주로 독일을 중심으로 북해와 발트해라는 거친 바다에서 항해하여 그 흔적이 많이 남아 있지 않다. 4에서 소개한 베제르 코그선 정도만이 코그선의 실체를 보여줄 수 있을 뿐이다. 코그(cog)란 낱말의 초기 형태는 코게(kogge)로서 948년 네덜란드의 기록에 처음으로 등장하였다. 이 낱말은 스칸디나비아어의 쿠곤(kuggon) 또는 쿠콘(kukkon)에서 유래한 것인데, 통을 닮은 용기나 배가 불룩한 배를 일컬었다고 한다. 프랑스에 정착한 노르만 족은 자신들의 코게선 형태를 처음에는 라틴어의 배를 뜻하는 '나비스(navis)'에서 유래된 '네프(nef)'라고 불렀고, 영국의 노르만 족은 그저 '둥근 배'라고 불렀다. 이후 유럽인들의 교류가 늘어나면서 프리슬란트 명칭인 코게가 널리 쓰이게 되었고, 오늘날에는 영어인 코그(cog)선으로 정착되었다.

유럽인들은 대체로 12세기까지 현측 키(side rudder)를 사용하였으나, 코그선에 이르러 비로소 중앙타를 장착하기에 이르렀다. 북유럽에서 중앙타를 처음으로 사용했음을 입증해주는 자료는 1180년에 건립된 윈체스터 대사원의 세례용 용기이다. 이 용기에 새겨진 배의 키는 명확히 선미 한 가운데에 장착되어 있다. 13세기 경 코그선은 적재량이 80~160톤이었는데, 베제르 코그선의 경우 대략 120톤 정도였던 것으로 추정된다.

이후 적재량이 200톤까지 큰 코그선도 건조되었는데, 그에 따라 배의 외형도 서서히 달라졌다. 뱃머리는 점점 포르투갈의 카라벨선처럼 둥근 형태를 띠게 되었고,

베제르 코그 복원선 우베나 호
자료 : 루츠 붕크, 『역사와 배』, p.60.

선수루와 선미루도 점점 높아졌다. 북해의 코그선은 15세기 중엽 이베리아 반도에서 시작된 대양 탐험의 영향으로 급격한 변화를 겪었다. 돛대 하나에 네모돛 하나를 설치한 야거리 형태에서 돛대를 3개 설치한 세대박이로 진화되었던 것이다. 그 결과 대형 코그선은 캐랙선이나 카라벨선과 그 선형 면에서 큰 차이가 없게 되었다.

포르투갈의 아프리카 탐험

인류 역사상 단 기간 내에 선박의 선형이 급격하게 변화된 때는 15세기 포르투갈에서 일 것이다. 이 시기는 포르투갈인들이 중심이 되어 아프리카의 연안을 따라 아시아의 인도에 이르는 항로를 탐사하던 시기였다. 영국의 역사가들로부터 항해자(Navigator)라는 별칭을 얻은 엔리케 왕자가 포르투갈 남단의 사그레스라는 어촌을 중심으로 아프리카 연안 탐사를 시작했던 해가 1419년이었다. 이후 15년 동안 엔리케 휘하의 탐사대는 고작 카나리아 제도 인근의 보자도르 곶 부근까지 밖에 탐사하지 못했다. 사그레스에서 보자도르 곶까지는 오늘날이라면 고작 며칠이면 도달할 수 있는 거리이다. 이렇듯 포르투갈의 아프리카 연안 탐사가 지진 부진했던 데는 두 가지 심리적 장애물 때문이었다.

당시 뱃사람들은 '암흑의 녹색 바다'에 대한 두려움으로 남쪽으로 항해하는 것을 꺼려했고, 열대 지역의 바다는 그곳의 날씨만큼이나 뜨겁기 때문에 그 해역을 항해하게 되면 모두 검둥이가 될 것이라고 생각해 항해하기를 두려워했던 것이다. 게다가 포르투갈 궁정 내부에서

오포르투
포르투갈
스페인
아조레스
리스본
그라나다
사그레스
라고스
세우타
탕헤르
포르투산투
(자르쿠나 데이세이라, 1418)
페즈
마데이라 제도
대서양
카나리아 제도
보자도르곶
(질 이아네스, 1434)
리오 데 오로곶
사하라사막
블랑코곶
아르긴섬
(트리스타옹, 1443)
아프리카
(디아스, 1445)
세네갈강
케이프 베르데 제도
(카다모스토, 1456)
베르데곶
감비아강
(트리스타옹, 1446)
(고메스, 1456)
(카다모스토, 1456)
팔라스곶

엔리케의 아프리카 탐사

도 반대 여론이 일어났는데, 이는 주로 아프리카 탐사가 아무런 경제적 이익을 가져다주지 못한다는 이유 때문이었다. 그러나 이는 1441년 경 곤살베스가 이끄는 탐사대가 보자도르 곶 남쪽에서 사금과 타조알, 흑인 10명을 데려옴으로써 어느 정도 불식될 수 있었다. 이후 엔리케 왕자가 사망한 1460년 즈음 포르투갈인들은 적도 이남까지 도달하였다.

바리넬선에서 카라벨선으로

1436년까지 아프리카탐험에는 사각돛을 단 바르카(barcha) 또는 바리넬이라는 작은배가 이용되었다. 그러나 보자도르(Bojador)곶 이남으로 점차 내려가면서 북동무역풍과 거친 바다에 적응할 수 있는 새로운 선형의 배가 필요하게 되었다. 그리하여 엔리케 휘

1500년 경 카라벨선
자료 : P. Kemp, *History of Ships*, p.68.

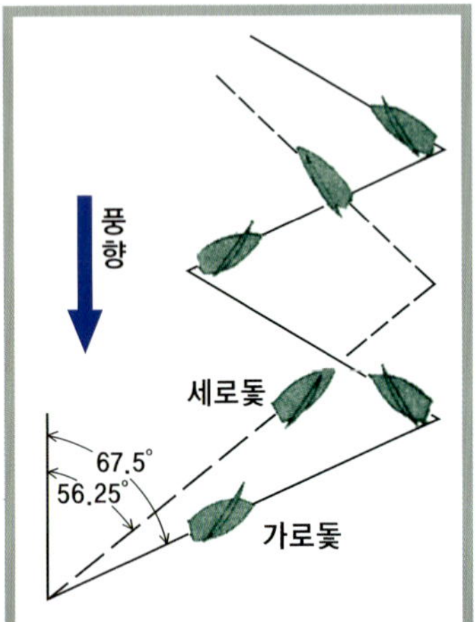

범선의 역진성

하의 조선공들은 이집트와 튀니지아 연안에서 아랍인들이 사용하던 세모돛을 단 카라보스선과 포르투갈에서 이용되던 카라벨라선의 장점을 조합하여 카라벨선을 개발해냈다. 카라벨라라는 낱말이 처음 기록된 것이 1255년인 것으로 미루어 카라벨라선은 포르투갈에서 이미 13세기 중엽 널리 이용된 것으로 보인다. 초창기의 카라벨선은 돛대를 두 개 설치하고, 각 돛대에는 세모돛과 네모돛을 달았으나, 15세기의 전형적인 카라벨선은 돛대 세 개에 모두 세모돛을 달았다.

카라벨선이 개발되기 이전에 유럽인들은 네모돛을 사용하였다. 그러나 네모돛은 바람을 많이 받기 때문에 맞바람이 불 때는 항해하기가 곤란했다. 이에 비해 아랍인들은 세모돛을 사용하였는데, 세모돛을 단 배는 돛의 면적을 크게 하는 데는 한계가 있었지만 맞바람이 불

때도 항해할 수 있다는 이점이 있었다. 물론 세모돛을 단다고 해도 정면에서 부는 맞바람을 맞으며 항해할 수 있었던 것은 아니다. 맞바람이 불 경우 네모돛을 단 배는 바람을 피하기 위해 거의 정횡(正橫)으로 항해해야 했지만, 세모돛을 단 배는 맞바람을 비스듬히 옆에서 받으며 항해할 수 있는 정도였다.

결국 1488년 바르톨로메 디아스(1450?~1500)의 항해 이후 카라벨선은 바람이 센 원양항해용으로는 적합하지 않음이 판명되었다. 세모돛을 장착한 카라벨선은 일정한 크기 이상으로 건조할 수 없어 원양항해에 필요한 충분한 식량과 비품을 선적할 수 없었던 것이다. 이와 같은 단점을 보완하기 위하여 15세기 말경에 카라벨라 레돈다(caravela redonda)선이 개발되었다. 15세기 말에서 16세기 초에 이루어진 대부분의 해양탐험에는 주로 카라벨라 레돈다선이 이용되었다. 이 배는 세 개의 돛대를 장비하였는데, 주돛대와 뒷돛대에는 세모돛을 달고, 앞돛대에는 네모돛을 달았다.

북해와 지중해의 만남 : 캐랙선

카라벨라 레돈다선은 기본적으로 세대박이로서 네모돛과 세모돛을 모두 장착했다는 점에서 캐랙선과 차이가 없다. 그러나 캐랙선은 두대박이 일 수도 있고, 세대박이 일 수도 있다. 두대박이 캐랙이라면 주돛대에는 네모돛을 달고, 뒷돛대에는 세모돛을 달았고, 세대박이 캐랙이라면 앞돛대와 주돛대에는 네모돛을 달고, 뒷돛대에 세모돛을 달았다. 리처드 험블과 같은 학자는 카라벨라 레돈다선을 캐랙(carrack)으로 부르기도 한다.

캐랙선의 등장은 유럽에서 북해선과 지중해선의 만남을 통해 이루어졌다. 북해라는 거친 바다에서 활동하던 북유럽인들은 네모돛을 사용했고, 잔잔한 지중해를 무대로 활동했던 남유럽인들은 이슬람과의 교류를 통해 세모돛을 활용하는 법을 배웠다. 이 두 문화권의 접촉지인 이베리아 반도에서 카라벨라 레돈다선이나 캐랙선이 출현하게 된 것은 우연이 아니었다. 이미 바이킹선에서 살펴본 것처럼, 북유럽인들은 네모돛을 갖춘 갸름한 구조의 '노어(knorr)'선을 사용했다. 노어선은 한쪽 뱃전에 설치한 노로 키를 잡게 되어 있었는데, 빠르고 내항성

유럽 범선의 발달
자료 : 존 헤일, 『탐험시대』, 한국일보타임라이프, pp.86-87.

이 좋아 거친 바다를 항해하기에 적합했다. 그러나 적재량이 적은 것이 흠이었다. 1200년 즈음까지 노어선은 북유럽 전역에서 주로 단거리 무역에서 사용되었으므로 선체는 더욱 짧고 더욱 무거워졌다. 그러는 사이에 해상 전투를 위해 뱃머리와 선미에 전투용 선루가 설치되기도 하였다. 1350년 즈음에는 북해의 선박이 다시 한 번 변혁을 겪게 된다. 그것은 코그선이 등장하게 된 것이다. 코그선은 이전의 노어선이 대형화된 배라고 생각해도 틀림이 없다.

지중해 지역의 세모돛 배인 래틴(lateen)은 노어 보다

도 땅딸막한 모양을 하고 있었다. 래틴은 주로 화물 수송을 위해 인구가 조밀한 연안이나 비교적 안전한 바다에서 활용되었다. 세모돛을 활용하여 맞바람에도 비스듬히 항해할 수 있다는 것이 래틴선의 가장 큰 장점이었다. 1200년 즈음에 와서 래틴도 대형화되었다. 선루가 설치되고, 돛대가 하나에서 둘로 늘어났다.

14세기 중엽 북해선이 지중해선에 영향을 미쳐 두 선형이 결합되어 두대박이 배로 네모돛과 세모돛을 함께 장착한 캐랙선이 등장하기에 이르렀다. 여기까지만 본다면 캐랙선의 원형은 두대박이로서 북유럽의 코그선과 지중해의 두대박이 래틴선이 결합한 것임을 알 수 있다. 이 결합이 이루어진 곳이 이베리아 반도의 포르투갈이었다. 카라벨선과 캐랙선이란 명칭 자체가 모두 이베리아 반도에서 유래한 이름이다.

캐랙선, 유럽 범선의 모형을 제시하다

캐랙에는 네모돛과 세모돛을 함께 장착함으로써 맞바람에도 항해할 수 있었다. 네모돛의 경우 뒷바람일 때 유리하고, 세모돛은 맞바람일 때 네모돛 보다 항해하는 데

콜럼버스의 배들
좌 : 니냐, 중 : 핀타, 우 : 산타 마리아

이점이 있었다. 캐랙의 선형은 선수루와 선미루가 있고, 선미에 고정타가 달려 있어서 북해선과 유사하다. 그러나 하체는 선수와 선미 다 같이 둥글게 되어 있어 지중해식을 따르고 있다. 캐랙선은 14세기 말에 지중해와 이베리아 반도에서 처음 등장한 흔적이 짙다. 그러나 캐랙선이 널리 보급되기 시작한 것은 1450년경부터 이후이고, 그 뒤 원양 항해가 빈번해지면서 급격히 발전하였다.

16세기 이후 범선의 전성시대에 나타난 모든 범선은 상선과 군선을 막론하고 모두 캐랙형 범장을 개량해 간 것으로 캐랙선의 유럽 범선의 모형이라 할 수 있다.

캐랙선은 15세기 말에는 400톤 정도이던 것이 16세기에 이르러 1000톤에 이를 정도로 급격히 대형화되었다. 1500년 베네치아의 대형 캐랙선은 길이 30m, 너비 10m, 깊이 6.5m의 제원에, 각 현에 각각 28개씩 총 56개의 함포가 설치된 것도 있었다.

1520년 경 포르투갈의 군선은 갑판 6층에 140문 이상의 포를 장착한 것도 있었다. 1492년 콜럼버스가 1차 원양 항해에 나섰을 때 산타 마리아 호, 핀타 호, 니냐 호 등 세 척을 이용하였다. 현재 남아 있는 스케치를 보면, 니냐 호는 두 대박이 카라벨선, 핀타 호는 세대박이 카라벨라 레돈다선, 산타 마리아 호는 전형적인 캐랙선이었다.

6
중국의 정크선과 대항해자 정화의 배

중국의 전통 범선 정크, 쓰레기 배(?)

우리가 중국의 전통 범선을 이야기할 때는 보통 정크선이라고 칭하는 것이 일반적이다. 이 말의 어원을 잘 모르는 사람들은 이 말이 영어의 쓰레기나 폐품 등을 뜻하는 junk에서 유래한 것으로 오해하는 경우가 많다. 그러나 이는 중국의 고유어의 발음이 정크와 유사한 데서 초래된 현상일 뿐이다. 영어사전에도 junk는 "쓰레기나 폐품"이란 뜻과 "평평한 중국 범선"으로 풀이되어 있다.

그렇다면, "평평한 중국 범선"이 영어에서는 왜 junk

로 표기되게 되었을까? 유럽의 제국주의 운운하는 사람들은 유럽인들이 자신들의 우월한 범선에 비해 중국의 전통 범선은 쓰레기 수준이라고 비하하여 junk라고 붙였을 것이라고 주장할 법도 하다. 그러나 중국어 어원을 알고 보면 중국의 배를 junk라고 표기한 것은 너무나 당연한 일이었다. 아랍의 대여행가 이븐 바투타의 기록에 의하면, "원 나라 시대 중국 선박은 3개 등급으로 나뉘었는데, 가장 큰 것을 진극(眞克), 중간 것을 조(曹), 작은 것을 객극(喀克)이라 했다. 대선인 진극은 1천명이 승선할 수 있는데, 그 중 선원이 600명이고, 나머지 400명은 병사들이다." 눈치 빠른 독자라면 벌써 알아차렸을 법한데, 원대의 대선인 진극의 중국어 발음이 젠커이다. 따라서 '젠커'가 아랍인들이나 유럽인들 귀에는 '정크'로 들렸다고 해도 조금도 이상한 일이 아니다.

중국의 4대 범선

중국이 대륙이라는 사실은 분명한 사실이지만, 이를 너무 강조하다보면 중국에는 광대한 대륙을 가로질러 흐르는 수많은 강들과 운하, 그리고 바다가 있다는 사실을 망각하기 쉽다. 필자는 『중국의 배』(도서출판 전망, 2002)라는 문고판 책을 펴낸 적이 있는데, 그 다양한 종류와 크기에 놀라지 않을 수 없었다. 중국 배는 사용하는 수역에 따라 '강 배', '바다 배', '특수 배'로 나누었는데, 강 배는 중국 대륙을 7개 대역으로 나누어 각 대역 마다 다양한 종류의 배를 소개하였다. 중국의 배에 관심 있는 독자들은 『중국의 배』를 참조하실 것을 권하며, 여기에서는 중국의 대표적인 4대 해선(海船)에 대해서 소개하기로 한다.

1. 모래톱에 내려앉을 수 있는 사선(沙船)

우리가 보통 정크선하면 떠올리게 되는 선형이 사선이다. 중국의 북부 연안은 사주가 많은데, 이런 해역을 항해할 때는 첨저선은 좌주할 경우 전복될 염려가 있기 때문에 선저가 평평한 사선을 개발하였다. 청 건륭 연간에 발간된 『숭명현지』에 따르면, "사선은 모래톱을 넘나들 수 있기 때문에 얻은 이름"이라고 한다.

사선은 주로 수심이 얕은 중국 북방 해역에서 항해하였지만, 인도네시아와 캄보디아 등의 사원벽에도 사선

사선
자료 : Luc Cuyvers, *Setting Sail*, p.106.

도가 남아 있는 것으로 보아 남아시아까지 항해하였음을 알 수 있다. 사선을 조선공학적인 견지에서 특징짓는 것은 편용골(扁龍骨), 대랍(大欄), 수밀 횡창벽(橫艙壁)이다. 먼저 편용골은 선저의 평평하고 넓적한 용골을 뜻하고, 대랍은 사선의 양현에 선수미 방향으로 설치한 두꺼운 선각판으로 좌우 동요시 전복을 방지할 목적으로 설치한 것이다. 마지막으로 수밀 횡창벽은 사선의 횡강도를 보강하기 위한 것으로 각 선창마다 수밀 구역으로 만들어서 횡강도를 유지하고 침수시 침몰을 방지하도록 만들어졌다. 그밖에 사선에는 피수판이 설치되는 것이 보통이었는데, 이는 선저가 평평하여 너울이나 물결에 떠밀릴 수 있기 때문에 이를 방지하고 맞바람이 불 때 역풍항해할 때도 이용되었다.

대형 사선에는 돛 4개가 설치되어 있는데 주돛대(主桅), 선수돛대(頭桅), 선미돛대(尾桅)와 선수 돛대 앞쪽 좌측에 설치한 '두칭(頭稱)'이라 부르는 작은 돛대가 있다. 키 자루(舵柄)의 길이는 2장이며, 닻은 3개인데, 무게는 각각 700kg, 600kg, 350kg이다. 지금까지 발굴된 고대선 중에서 가장 대표적인 사선은 1984년 출토되었고 1990년 복원되어 현재 중국 펑라이(蓬萊, 봉래) 둥주(登州, 등주) 고선박물관에 진열되어 있는 원대의 선박이다. 발굴 당시 잔존한 선체의 길이는 28m이며, 선폭의 가장 좁은 곳은 1.1m이고 가장 넓은 곳은 5.6m, 높이는 1.2m이다.

2. 선수가 뾰족하고 선미가 넓은 복선(福船)

복선은 푸젠성 연해에서 건조된 선박을 가리키는데,

그 형상은 선수가 뾰족하고 선미가 넓다. 양현은 밖으로 두드러져 나왔으며, 갑판은 평평하고 넓다. 일부 복선의 선수창 또는 선미창은 활수창(活水艙)으로 만들었다.

활수창이란 부력창이라고도 하는데, 만재흘수선 아래에 작은 구멍을 만든다. 항해할 때 선미나 선수가 수면 아래로 내려갈 때는 이 구멍을 통해 물이 유입되고, 수면 위로 올라올 때는 선창에 유입되었던 물이 서서히 배출된다. 그렇게 함으로써 선체의 급격한 상승을 방지하였다. 복선의 특징 중 하나는 선수 양쪽에 눈 모양을 그려 넣었다는 점이다. 복선에는 대복선(大福船), 초선(哨船), 동선(冬船) 등이 있는데, 그 가운데 대복선이 가장 대표적인 복선이라 할 수 있다.

복선은 해전에도 활용되었는데, 선수미가 높이 치켜들려 있고, 선체가 거대하고 선저는 칼날같이 뾰족하고 갑판은 넓어 백여 명의 병사들이 승선할 수 있었다. 선체의 중요한 부분은 모두 뾰족하게 깎은 대나무를 꽂아 적들이 배에 기어오르는 것을 막았다. 선체는 4층으로 건조되었는데, 1층에는 흙이나 돌을 적재하여 선박의 안정성을 유지하는 데 이용되었고, 2층은 병사들의 활동장소이며, 3층은 취사실과 돛, 닻 등의 선박비품을 놓아두는 곳이고, 4층은 노대(露臺)로서 대포를 장치하거나 활을 쏘는 곳이다. 병사들은 높은 곳에서 아래로 적선을 공격할 수 있다. 대복선은 선체가 거대하여 사람의 힘으로는 움직일 수 없고 풍력에 의해서만이 항행이 가능한데 순풍일 때는 속력이 매우 빨랐다.

복선
자료 : 石龍飛, 『中國造船史』, f.1.

3. 흘수가 크고 항해성능이 좋은 광선(廣船)

광선은 광둥성에서 건조된 해선으로 선수가 뾰족하고, 선체가 긴 특징이 있다. 광선은 흘수가 비교적 크고, 갑판의 굴곡이 작아 항해성능이 좋다. 선체는 횡으로 밀집된 늑골과 격창판으로 구성되었으며, 종으로는 용골과 대랍으로 이루어졌다. 광선의 앞쪽 양 뱃전에는 수직으로 움직일 수 있고, 선저 아래까지 뻗은 삽판(插板)이 있다. 선미는 평형타를 장착하였는데, 개공타(開孔舵)로서 타엽에는 능형(菱形)으로 된 여러 개의 작은 구멍이 뚫려져 있다. 이런 키는 조종할 때 힘이 적게 들고, 또한 키의 성능에는 영향을 주지 않는 장점이 있다. 대형 광선은 선미돛대와 중간돛대가 모두 앞으로 기울었으며, 돛은 경범이다. 돛에 사용된 활대는 약간 굵고, 활대와 활대 사이의 거리는 약간 넓다. 돛의 변두리는 철사로 꿰맸다. 그리고 중소형 선박에는 모두 노(櫓)와 장(槳)을 장치하였다.

광선의 역사는 아주 유구하다. 진(晉)나라 사람 배연(裵淵)이 쓴 『광주기(廣州記)』에서는 "광저우 살고 있는 사람들은 모두 선박건조를 업으로 하고 있으며 벌목하여 배와 노를 만들어 수운에 종사한다"고 적었다. 당 현종(唐 玄宗) 개원년(開元年) 후 "광저우에서 해외로 가는 항로"는 중국 대외무역의 주요한 항로였고, 광저우 역시 그 당시 대외무역의 중요한 항구였다. 그 당시 광저우항에는 중국의 많은 선박들이 정박하고 있었을 뿐만 아니라 여러 나라의 선박들도 많았다. 광선도 복선과 마찬가지로 무역선으로 사용되었을 뿐만 아니라 전선으로도 많이 사용되었다. 전선으로 사용되었던 광선은 그 선형이 누선(樓船), 몽동(艨艟), 두함(鬥艦), 주가(走舸), 해골(海鶻) 따위가 있다.

4. 새처럼 빠른 조선(鳥船)

조선
자료 : Luc Cuyvers, *Setting Sail*, p.107.

조선은 소형쾌속선이며, 사선, 복선, 광선과 함께 해선의 주요한 선형에 속한다. 주요 건조지는 저장(浙江) 연해지역이다. 청나라 『절강해운전안(浙江海運全案)』의 기록에 의하면, 조선은 "선수가 좁고, 선폭이 넓으며, 선체가 길고 곧다. 돛대와 돛 그리고 양측에 두 개의 노가 있어 바람이 있을 때는 돛을 이용하고 바람이 없을 때는 노를 저어서 항행하는데 속력이 빠르고 민첩하다. 돛과 노를 이용하여 항행하는 모습이 마치 날아다니는 새와 같다." 조선은 이러한 특징 때문에 붙여진 이름이다. 조선은 길이가 30여 m, 너비 6~7.5m, 흘수는 4~5m이다.

이상에서 간략하게 소개한 것처럼, 사선, 복선, 광선, 조선은 중국의 대표적인 4대 해선이라 할 수 있다. 하지만 4대 해선도 그 목적과 크기에 따라 범장이 달라지기 마련이어서 그 변종까지 친다면 중국의 해선의 종류는 실로 다양하다.

중국 함대가 1421년, 카리브해까지 항해하였을까?

우리가 중국의 문물이나 제도를 알면 알수록 놀라움을 느끼게 되는데, 배에서도 예외는 아니다. 2005년은 중국 명대의 대항해자인 정화가 7회에 이르는 하서양(河西洋)을 첫 출항한 지 600주년이 되는 해였다. 개방으로 자신감을 획득한 중국 정부를 이를 기념하기 위해 정화의 기함인 보선(寶船)을 복원하여 항해를 시도하였다. 정화가 세계적으로 널리 알려지게 된 것은 이러한 이벤트 때문이 아니라 영국의 퇴역장교가 펴낸 한 권의 책 때문이었다. 멘지스(Mezies)는 『1421 중국, 세계를 발견하다』라는 책을 통해 정화 함대의 일부가 희망봉을 돌아 아프리카 서해안을 항해하다 대서양을 횡단하여 카리브해까지 항해하였다고 주장하였다.

이 말이 역사적 사실이라면 그야말로 천지가 개벽할 만하다. 왜냐하면 정화 함대보다 반세기 뒤에 카리브해에 도착한 콜럼버스의 위업은 빛이 바랄 수밖에 없기 때문이다. 그런데 멘지스의 주장은 세계를 놀라게 하여 BBC까지 나서서 특집 프로그램을 만들기까지 하였다. 그러나 그의 주장을 뒷받침할만한 근거들이 충분치 않을 뿐만 아니라, 그의 주장을 반박하는 논리 또한 만만치 않게 제기되었다.

정화
자료 : 『중국의 대항해자 정화의 배와 항해』, f.455.

정화 함대의 보선, 길이가 150m였을까?

정화 함대의 일부가 카리브해까지 항해했다는 주장 외에 논란이 되었던 것은 정화의 기함인 보선의 크기 문제였다. 사료에는 정화의 보선이 길이 44장 4척, 너비 18장이라고 기록되어 있다. 이 기록대로 한다면 보선은

보선
자료 : 石龍飛, 『中國造船史』, f.5.

길이 134.5m(44장×3.03m + 4척×0.303m), 너비 54.5m(18장×3.03m)에 이르게 된다.

멘지스도 이 사료를 인용하여 보선이 "길이 150m, 폭 60m로서 당시 세계 최대였다"고 적었는데, 서울대학교의 주경철 교수 또한 이 주장을 아무런 검증 없이 사실처럼 인용하고 있다(『대항해시대』, p.14).

그러나 보선이 크기를 신뢰할 수 없는 본질적인 문제가 있다. 첫째는 사료의 신빙성에 의문이 간다는 것이다. 보선의 크기에 관해서는 정화 당대의 원사료가 모두 파기된 뒤, 후대에 라무등(羅懋登)이라는 작가가 쓴 『삼보태감하서양기통속연의(三寶太監下西洋記通俗演義)』라는 다소 허황된 창작집에 기록된 길이 44장 4척, 너비 18장이라는 수치를 『명사(明史)』의 「정화전」 등의 사료에 그대로 옮겨 놓았다.

둘째는 목선으로서 150m에 이르는 선박을 건조한다는 것이 현대의 조선공학으로도 불가능에 가깝다는 점이다. 따라서 정화 보선의 크기에 대해서는 중국 조선사가들조차도 의견이 천차만별이다.

대만 해양대학의 수밍양은 길이 74m, 너비 12.8m 정도로, 상해교통대학 교수였던 故 신웬어우 교수는 600톤 내지 800톤급으로, 중국 해군 공정학원의 탕즈바는 정화 보선을 명대 2000료 해선으로 보아 길이 55.5m, 선폭 15.3m, 배수량 1500톤급으로 각각 추정하였다.

현재 복원된 대다수의 정화 보선은 대체로 1000~1500톤 정도로 추정하여 제작된 것이 대부분이다. 그 크기가 실제로 어땠는지는 현재 파악할 수 없지만, 15세기 초에 목선으로 1000톤이 넘는 원양 항해선을 건조했고, 아프리카까지 항해하였다는 사실 그 자체만으로도 중국인들의 선박건조술과 항해술에 감탄하지 않을 수 없다.

7
다우선, 화선(和船), 한선(韓船)

다우선과 화선, 그리고 우리나라 전통 배인 한선을 나란히 써놓고 보면 서로 함께 이야기할만한 공통점이 떠오르지 않는다. 오히려 중국의 정크선, 한선, 그리고 화선을 한 데 비교하는 것이 그 차이점과 공통점을 비교하기 수월하다.

중국은 땅덩어리의 넓이만큼이나 긴 해안선을 갖고 있고, 그만큼 배도 다종다양하다는 점은 6에서 살펴본 바 있다. 따라서 이번 7에서는 동양 문명권의 또 다른 세 주인공인 아랍의 다우선과 일본의 화선, 그리고 우리의 전통 한선을 함께 소개하기로 한다.

아랍의 다우선

아랍인들이 사용하던 배는 보통 다우선(dhow, dhau)으로 통칭된다. 다우선에는 바갈라(Baggala), 붐(Bum), 당기(Dhangi), 강자(Ghanja), 코티아(Kotia), 파탐마르(Pattamar), 바텔라(Battela), 삼부크(Sambuk), 자룩(Zaruk) 등 여러 가지 선형이 있지만, 돛대를 하나 또는 두 개를 설치하고, 돛대에 모두 세모돛을 달았다는 점에서 공통점이 있다. 아랍인들이 세모돛을 사용했다는 것은 널리 알려진 일이지만, 이는 대체로 15세기 이후의 일로 그 이전에는 아랍인들도 역시 네모돛을 일반적으로 널리 사용했다.

전형적인 다우선이 어떤 모습이었는지를 확인할만한 자료는 거의 없다. 현재 남아 있는 자료 가운데 가장 널리 알려진 것으로는 알 하리리의 마카마트(the Maqamat of the Al-Hariri)에 그려져 있는 다우선이다. 이 다우선은 13세기 이라크의 여객선을 묘사한 것인데, 뱃전은 세 장짜리 판재를 잇대어 만들었고, 선미 중앙타와 닻, 고물 쪽에 노가 하나 장착되어 있으며, 승객들은 갑판 아래의 선실에 묵고 있는 것을 확인할 수 있을 뿐이다.

유럽인들이 남긴 기록에 따르면, 다우선의 선체가 전체적으로 약했다는 인상을 갖게 된다. 이는 주로 아랍인들이 뱃전의 판재를 못으로 결합하지 않고 섬유실로 엮었기 때문이었다. 다우선의 선체가 약했다는 것에 대해서는 많은 사람들이 지적하고 있다. 중세 유럽의 몬테코르비노(Motecorvino) 출신인 존(John)은 "아랍의 배는 연약하기 짝이 없다"고 썼고, 조르다누스(Jordanus)는 "(아랍의 배에 탄) 사람들은 거의 언제나 물을 퍼내야 하는 물웅덩이 안에 있는 꼴이다"라고 적고 있다. 벨기에의 해양사학자인 루크 카이버스도 다우선의 선체가 약했던 것으로 평가하고 있다. 그러나 현재까지 알려진 바로는 아랍의 다우선이 선체를 못으로 조립하지 않고 야자 섬유로 엮은 것은 확실하지만, 유럽인들이 묘사하고 있는 것처럼 그렇게 연약하지는 않았던 것으로 보인다. 이븐 바투타(1304~1368)는 다음과 같이 적고 있다. "야자섬유인 깐바르(qanbar)는 배를 꿰매는 데 쓰는 노끈을 말한다.…

인도나 예멘의 배들은 이러한 노끈으로 꿰맨다. 왜냐하면 이 두 지방의 바다 밑에는 돌이 많기 때문이다. 쇠못을 박은 배의 경우 못이 돌에 부딪치면 곧 깨지고 만다. 그러나 노끈으로 꿰매면 노끈이 젖어 있어서 쉽게 끊어지지 않는다."

다우선의 외판 결합
자료 : *Shipwrecked*, ed. by Regina Krahl et al., p.120

아랍의 다우선에 대해서는 이렇다 할 자료가 남아 있지 않아 그 정확한 실체가 알려져 있지 않았다. 그러나 1998년 인도네시아 탄중 판단의 벨리퉁(Belitung)항 북방 4마일 해상에서 다우선 한 척이 발굴되었다. 이 배는 당나라 시대 광동에서 도자기 등 중국의 물품을 싣고 자바의 어디론가 항해 중 난파된 것이다. 이 배의 화물 가운데는 838년에 해당하는 당대의 연호가 새겨진 유물이 발굴되었다. 이 배에서 발굴된 유물들은 현재 싱가포르 예술과학박물관(Art Science Museum)에 전시되고 있지만, 선체는 보존 처리 중이어서 일반에 공개되지 않고 있다. 잔존한 선체를 기준으로 판단하건대, 용골의 길이 15.3m, 최대 길이 18m, 깊이 3m로 추정되고 있다.

벨리퉁 복원선 무스카트의 보석 호
자료 : *Shipwrecked*, ed. by Regina Krahl et al., p.125

보통 벨리퉁 선으로 불리는 이 다우선에서 특히 주목을 끌었던 것이 선체 결합법이었다. 널리 알려진 것처럼, 벨리퉁 선은 외판을 맞댄 뒤 이를 못이나 나무쐐기로 결합하지 않고, 구멍을 뚫어 1.6cm 두께의 로프로 묶었다는 점이다. 언뜻 생각하면 외판을 로프로 묶는다는 것이 이해가 되지 않을지 모르지만, 이는 판재 두 개를 맞대놓고 이어 붙이는 것이기 때문에 마치 뱃밥을 안으로 끼워 넣는 대신 바깥에 로프를 감는 셈이다. 이 배는 예멘이나 오만, 또는 이란에서 건조된 것으로 보인다.

이 배는 오만 외교부의 재정 지원으로 복원되었는데, 싱가포르 정부는 이 복원선의 싱가포르에서 오만까지의 항해 비용을 지원하였다. 이 복원선은 전통 방식에 따라 복원되었는데, 선체는 아프리카 목재, 티크, 자단, 노간주나무, 야자 나무 등을 사용하였다. 복원선에서 특이한 것은 돛이 세모돛이 아니라 네모돛이었다는 점이다. 흔히 이슬람의 상징으로 초승달과 세모돛을 연상하게 되는데, 세모돛은 1500년경까지 아랍권에서 널리 사용되지 않았다고 한다.

실제로 바스코 다 가마의 파이롯트 역할을 했던 이븐 마지드 조차도 인도양의 전형적인 돛으로 페가수스 별자리를 언급했다고 하는 데 페가수스 별자리는 네모꼴이다. 따라서 9세기경의 다우선인 벨리퉁 선의 복원선에는 외돛대에 세모 돛이 아닌 네모 돛이 장착되었다. 벨리퉁 선의 복원에서 특이한 것은 키를 모두 세 개나 장착했다는 점이다.

현측타가 좌우 선미에 하나씩 2개가 설치된 것은 물론, 선미 중앙타도 하나를 설치했다. 선미 중앙타는 사용하지 않을 경우 고정시킬 수 있도록 설치되었다. 이렇게 해서 복원된 벨리퉁 선이 '무스카트의 보석(Jewel of Muscat)' 호다.

아다케
자료 : 김재근, 『속한국선박사연구』, p.124.

일본 화선(和船)

일본의 전통 범선 또한 그 조선법의 독특성으로 인해 다른 범선과 구별된다. 일본의 전통 범선은 그 사용 목적에 따라 전선과 상선으로 나눌 수 있고, 전선은 그 크기에 따라 고바야(小早), 세키부네(關船), 아다케(安宅) 등이 있다. 이 가운데 가장 큰 전선이 아다케인데, 일본 전국시대 이후에 등장한 배로서 임진왜란 때 일본 수군의 주력함으로 참전하였다. 아다케란 명칭은 이 배가 기슈(紀州) 지방의 안택포(安宅浦)에서 건조되기 시작했기 때문이라는 설이 있지만, 확실하지는 않다. 일본 화선의 권위자인 이시이 겐지(石井謙治)에 따르면, 아다케란 '적을 두

려워하지 않고, 마구 날뛰는 배'라는 뜻이라고 한다. 임진왜란 당시의 일본은 지방 영주들에 의해 통치되었기 때문에 지역별로 차이가 심했는데, 아다케도 예외는 아니어서 각 배마다 차이가 너무 심해 어떤 통일적인 특성을 논하기가 매우 어렵다. 따라서 현재 남아 있는 아다케 관련 그림들도 영주에 따라 차이가 난다.

고바야, 세키부네, 아다케는 크기는 다르지만 건조법은 비슷하기 때문에 화선의 건조법으로서 일반화해 살펴보아도 좋다. 먼저 화선은 가와라(航) 또는 시키(敷)라고 불리는 비교적 두터운 저판을 바닥판으로 깐 뒤, 길이방향으로 용골 익판인 네다나(根棚) 또는 가시키(加鋪)을 잇대고 다시 그 위로 나카다나(中棚)와 우와다나(上棚) 순으로 이어 붙여 올라간다. 양현의 외판을 가로 질러 연결한 것 중 아래쪽의 나카다나를 연결한 것을 이누키(居貫), 우아다나의 하단끼리 연결한 것을 나카누키(中貫), 우아다나의 상단끼리 연결한 것을 야도이(雇)라 하는데, 이누키와 나카누키, 야도이를 통틀어 후나바리(船梁)라 한다. 외판 최상부에 가로로 놓여 있는 큰 가로들보는 로도코(櫓床)라 하는데, 그 양 끝에 노가 설치되고 상장이 가설된다. 화선의 경우 베자이센(弁財船)이 대표적인 상선이라 할 수 있는데, 그 구조법은 대동소이하다. 이를테면 저판인 가와라와 후나바리 등은 동일하나, 화물을 적재하기 위해 배의 깊이를 높이기 위해 우아다나를 3개 설치한 것이 다를 뿐이다.

일본 화선은 일정한 규격에 따라 건조된 것이 아니라, 각 지방 영주들의 필요에 따라 건조되었기 때문에 배의 구조와 크기는 상이했다. 그러나 일본의 대표적인 화선 전문가인 이시이 겐지는 아다케에 대해 "크기는 1000~2000석, 노는 50~160정을 갖추었고, 도다테 스쿠리(戶立造)인 선수에 귀갑형 장갑을 씌어 대포를 설치하면 선수 정면으로 함포를 쏠 수 있었고, 선수에서 선미까지 다테이다(楯板)로 불리는 판재로 전면적으로 덮었다"고 그 특징을 정리하고 있다. 일본의 화선과 우리 전통 한선을 비교해 보면 흥미로울 듯하다.

한선(韓船)

조선 시대의 전통 범선은 그 목적에 따라 싸움배인 판옥선, 짐배인 조운선, 그리고 외교사절선인 통신사선 등이 있었지만, 그 기본 건조법은 동일했다. 우리 전통 배를 통칭하여 한선이라 칭한 사람은 故 김재근 교수였지만, 한선을 학술적으로 처음으로 연구한 사람은 언더우드 박사였다. 언더우드 박사는 *Korean Boats and Ships*에서 한선의 특징으로 늑골이 없고, 장삭과 가룡목으로 외판을 결합했고, 키가 센터보드(centerboard) 역할을 해서 풍압에 의해 옆으로 밀리지 않으며, 네모돛을 사용했음에도 불구하고 맞바람에서 67도 30분까지 거슬러 항해할 수 있었다는 점을 들었다. 김재근 교수 또한 한선은 평저선으로서 외판을 턱붙이 클링커 이음으로 결합했고, 저판이 외판에 비해 2배가량 두껍고, 가목과 가룡목으로 횡강력을 보강했다는 점을 그 특징으로 들었다.

언더우드와 김재근 교수의 연구로 한선은 이론적 체계를 잡을 수 있었지만, 한선에는 늑골과 격벽이 없다는 점이 결정적인 한계점을 갖게 되었다. 횡강력을 가목이나 가룡목만으로 보강했을 경우 횡강력이 격벽과 늑골로 보강한 중국의 정크선이나 유럽형 선박에 비해 선체 강도가 약할 수밖에 없기 때문이다. 이는 결국 한선이

출범도(관아재 조영석 1733년 그림)
국립중앙박물관 소장

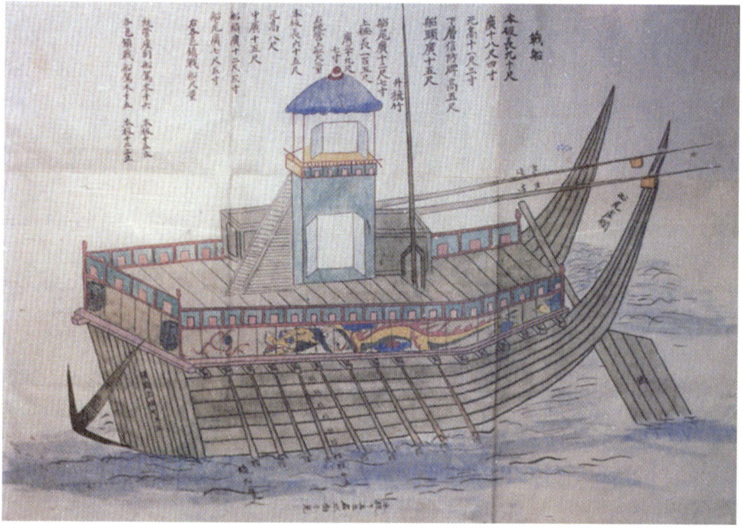

판옥선
자료 : 각선도본

타 선박에 비해 조선공학적으로 우수하지 않다는 반증일 수도 있다.

그러나 다행히도 한선에도 격벽과 늑골이 사용되었음을 입증하는 실물 자료가 발굴되었다. 2005년 중국 산둥반도의 펑라이에서 14세기 고려 선박이 발굴되었는데, 이 배는 가룡목이 일체 사용되지 않고, 격벽과 늑골로서 횡강력을 보강했다. 보통 펑라이 고려 고선으로 불리는 이 선박은 중국과 한국의 전통 조선기술이 결합되었음을 보여주는 대표적인 사례로서 의의가 있을 뿐만 아니라, 한선에도 격벽이 사용되었음을 입증하는 중요한 실물 증거이다.

한선과 일본의 화선을 비교해 보았을 때, 저판을 깔고, 외판을 이어붙인 뒤, 외판 양현을 가름대로 이어 붙여 조선하고, 갑판 위에 상장을 꾸미는 기본방식을 비슷하다는 것을 확인할 수 있다. 그러나 일본은 목재가 풍부했기 때문에 저판이나 가름대, 외판 등을 넓은 단판을 사용하였던 데 반해, 한선은 각재를 여러 장 연결하여 사용하였다. 선저형상 또한 한선은 U자형이지만, 화선은 V자형 가깝다. 추진 방법 또한 화선은 돛대를 하나 장치하고 네모돛을 달았지만, 한선에는 돛대를 2개 장치하고, 돛도 네모돛이지만, 역풍 항해 성능이 뛰어났다. 노 또한 일본 군선은 1인 1노가 원칙이었지만, 판옥선은 한 개의 노를 4~5명이 함께 젓는 경우가 보통이었다.

8
콜럼버스, 드레이크, 넬슨의 기함
: 산타 마리아, 골든 하인드, 빅토리

세계 역사상 가장 유명한 선장과 그의 배를 꼽으라면 아마도 콜럼버스와 산타 마리아 호, 프란시스 드레이크와 골든 하인드 호, 넬슨과 빅토리 호를 들 수 있을 것이다.

연대적으로 보면 콜럼버스는 15세기 말, 드레이크는 16세기, 넬슨은 18세기 말에 활동했던 선장들로서 유럽에서 범선이 대양으로 진출하던 시기부터 범선의 전성기까지 걸쳐져 있다. 따라서 이들의 기함을 살펴보게 되면, 유럽의 범선들이 어떻게 변화·발전해 왔는지를 한눈에 가늠할 수 있다.

콜럼버스의 기함 캐랙선 '산타 마리아'

콜럼버스 기둥(바르셀로나)

콜럼버스가 스페인의 카톨릭 국왕과 인디즈 탐험에 관한 '산타페 계약'을 체결한 1492년 4월 17일부터 팔로스 항을 출항한 8월 3일까지 항해를 준비하는 데 만전을 기했다. 그는 대양을 항해하기에 적당한 니냐 호, 핀타 호, 그리고 기함인 산타 마리아 호를 확보했다. 약 60톤급의 핀타 호는 고메스 라스콘(Gomez Rascon)의 배였고, 60톤급의 니냐 호는 니뇨 형제의 배였으며, 100톤급의 기함인 산타 마리아 호는 후앙 데 라 코사의 배였다. 당시 팔로스 항에 입항해 있던 '마리가란테(Marigarante)' 호를 보고 콜럼버스가 선주인 코사를 설득하여 탐험에 동참하게 하고, 자비로 배를 빌렸다.

콜럼버스는 마리가란테 호를 동생인 바르톨로메가 자기의 아들 디에고에게 만들어 준 장난감 배의 이름을 따서 '산타 마리아' 호로 개명했다. 콜럼버스는 불가

피하게 산타 마리아 호를 임대했지만, 포르투갈어로 '나오'라고 불렀던 산타 마리아 호의 성능에 대해서는 그렇게 신뢰하지 않았다. 우선 산타 마리아 호는 흘수가 깊고 둔중한 느낌을 주는 데다, 뱃밥도 잘못 메워져 물이 스며들었다.

산타 마리아 호
자료 : 나고야해양박물관(필자 촬영)

역사상 가장 유명한 배 가운데 한 척인 산타 마리아 호의 실체에 대해서는 확실한 것이 거의 없다. 산타 마리아 호는 1492년 12월 25일 새벽에 서인도제도에서 좌초하여, 콜럼버스가 항해일지에 스케치 해 놓은 그림이 남아 있을 뿐이다. 콜럼버스가 남긴 스케치를 보면, 산타 마리아 호는 초창기 캐랙선의 전형을 보여준다. 우선 돛대는 세 개를 설치하고, 앞돛대에는 네모 돛 한 장을, 주돛대에는 네모 돛 두 장을, 그리고 뒷돛대에는 세모돛을 달았다. 선수에는 선수 가름대인 바우스프릿(bowsprit)을 달았다. 제원은 길이 23~32m, 너비 6.7~9.1m, 흘수 2.8~3m 사이였던 것으로 추정되고 있다.

산타 마리아 호는 2개월여의 대서양 횡단 항해를 무사히 마치고 서인도제도에 무사히 안착한 뒤, 2개월여를 서인도 제도를 탐사하는 데 기함으로서의 역할을 충실히 하였다. 그러나 산타 마리아 호의 운명은 거기까지였다. 1492년 12월 25일 성탄절 새벽녘에 좌주하여 영원히 역사 속으로 사라졌다. 라스 카사스 신부가 요약한 콜럼버스의 항해일지에는 당시의 상황을 다음과 같이 전하고 있다.

"밤 12시 경 선원들이 제독이 잠자리에 누워 휴식을 취하는 것을 확인하고, 또 바다가 온화한 것을 보고는 견습선원에게 키를 맡기고 모두 잠을 자러갔다. 그리하여 본선이 조류에 의해 모래톱 중의 하나로 밀려가게 되었다.…견습선원은 키로 그것을 느끼고 파도 소리에 귀를 기울이다가 소리를 질렀다.

이 소리를 듣고 제독이 재빨리 달려왔다. 제독은 선원들에게 선미에 적재하고 있던 작은 보트를 내리고 닻을 꺼내 선미에서 던지라고 명했다. …하지만 그들은 바람이 불어오는 쪽에 정박해 있는 카라벨선(핀타 호와 니냐 호)으로 도망치는 것밖에 생각하지 않고 있었다. …제독은 부하들이 도망치는 것을 목격하고, 또 이미 바닷물이 빠져 나가고, 본선도 이미 옆으로 기운 것을 목격하고 달리 방법이 없다고 생각했다. …파도가 거의 없는데도 본선이 옆으로 기울어 갔다. 선체 외판은 갈라지긴 했지만, 배 자체는 무사했다."

그러나 다음날 새벽에 이미 배는 부서지고 말았다. 이렇게 해서 산타 마리아 호는 사라졌다. 요즈음 선원들 사이에는 손으로 목을 쳐내는 시늉을 하면서 "산타 마리아된다"는 표현을 사용하기도 한다. 이는 콜럼버스의 기함인 산타 마리아 호가 좌초한 것처럼 어떤 일이 잘되지 않음을 나타낼 때 사용하는 말이다. 배 산타 마리아 호는 사라졌지만, 그 선명은 지금도 선원들 사이에 회자되고 있는 셈이다.

드레이크의 기함 갈레온선 '골든 하인드'

드레이크는 블레이크와 넬슨과 함께 영국의 3대 제독으로 유명한 선장이다. 그는 마젤란의 부하 선원인 델 카노가 세계를 일주하고 귀항한 1522년부터 꼭 55년 후인 1577년 11월 15일 5 척의 배와 164명의 선원을 이끌

프란시스 드레이크
자료 : 새뮤엘 윌러드 크럼프톤, 『탐험과 항해의 세계사』, p.42

고 영국의 플리머스 항을 출항했다. 목적지는 비밀에 부쳐졌으나, 항해의 목적은 남아메리카 대륙의 스페인의 거점을 공략하여 신대륙의 보물을 탈취하는 것임이 분명했다. 이 항해에서 드레이크의 기함으로 활약하여 세계 해양사에 이름을 남긴 배가 골드 하인드(Golden Hinde) 호다. 사실 골드 하인드호는 출항시에는 펠리컨 호로 불렸었는데, 1578년 8월 21일 마젤란 해협에 진입한 것을 기념하기 위해 '골든 하인드' 호로 개명되었다. 이 원정 항해에서 보급선인 스완 호와 크리스토퍼 호는 보급 후 귀환하였고, 엘리자베스 호는 항해 도중 남아메리카에서 영국으로 귀환해 버렸고, 메리 골드 호는 칠레 앞바다에서 침몰하였다. 결국 혼자 남은 골든 하인드 호만이 칠레와 페루, 파나마 해안의 스페인 식민지를 약탈한 뒤 태평양을 횡단하여 몰루카제도와 인도양, 대서양을 거쳐 1580년 9월 영국의 플리머스 항으로 귀환하였다.

골든 하인드 호 복원선(1973)
자료 : 루츠 붕크, 『역사와 배』, p.85.

1575년 경 건조된 전함인 골든 하인드 호는 이전의 원양 탐사선들의 주력선인 캐랙을 개량한 갈레온선이다. 캐랙선의 경우 배의 길이와 너비의 비율이 보통 3:1 정도였으나, 갈레온 선은 4~5 : 1이었다. 이는 갈레온선이 캐랙선에 비해 더 날렵해져서 속력이 빠르고 조종하기 수월했음을 의미한다. 그러나 포르투갈과 스페인의 갈레온선은 외형의 허식에 치우쳐 갑판이 높고, 이물과 고물의 선루를 높이 설치하였다. 이에 반해 영국인들은 선루의 높이와 크기를 줄이고, 배의 중심을 낮추어 날렵하고 경쾌하게 만들었다.

영국산 갈레온선인 골든 하인드 호의 길이는 22m, 너비 6.3m, 흘수 2.8m에 돛대는 3개를 장비하였다. 앞돛대와 주돛대에는 네모 돛을 두 장씩 설치하였고, 뒷돛대에는 세모돛 하나를 설치하였다. 승선 정원은 대략 40명이었고, 대포는 22문을 설치하였는데 4문은 14파운드짜리였다.

골든 하인드 호의 톤수는 영국 해양사에서 오랫동안 풀리지 않은 수수께끼 중의 하나다. 드레이크의 세계주항기인 *The World Encompassed*에는 100톤, 리처드 해클류트가 편집한 *Principal Voyages*에는 120톤, 정부 문서(State Papers)에는 150톤, 스페인인인 남긴 서한에는 약 400톤으로 각각 언급되고 있다. 내쉬(Naish)는 이를 다음과 같이 설명하였다. 먼저 골든 하인드 호를 지었을 개연성이 가장 큰 조선소로 데프트포드(Deptford) 선거를 꼽고, 그 선거의 크기인 길이 75 ft. 너비 24ft. 이내에서 배를 건조하였을 것으로 추정하였다. 1582년 이전에 잉글랜드에서는 배의 크기를 다양한 방식으로 나타냈고, 톤수를 측정하는 특정한 공식이 없었다. 1577년 출항 당시 펠리컨 호의 크기는 150 톤으로 정부 문서에 기록되었는데, 이 정부문서는 말하자면 용선계약서(Chartering Agreement)라고 할 수 있다.

이에 따르면 선주는 톤당 5 s.을 받는 것으로 되어 있었기 때문에 가능한 한 배의 크기를 크게 표시하는 것이 유리했다. 내쉬는 당시 일반적으로 쓰였던 배의 톤수 계산식에 따라 골든 하인드 호의 톤수를 150.71톤으로 계산되었다(① 식).

$$\left[\frac{K\times B\times D}{100}=A\right]+A\,\frac{1}{3}=\frac{47\times 18.5\times 13}{100}+113.035\times\frac{1}{3}=150.71\cdots ①$$

(K=keel, B=beam + planking 6 inch, D=Draught of Water, English ft.)

드레이크가 세계를 일주하고 돌아온 뒤 거의 50여 년이 흐른 뒤인 1628년에 출판된 *The World Encompassed*에 기록된 100 톤이란 수치는 ② 식으로 계산해 낼 수 있다.

$$\left[\frac{K\times B\times Dh}{100}=B\right]+B\,\frac{1}{4}=\frac{47\times 18\times 9.5}{100}+80.37\times\frac{1}{4}=100.46\cdots ②$$

(K=keel, B=Beam inside planking, Dh=Depth of Hold)

해클류트가 언급한 120 톤은 위의 ① 식에서 A(1÷3)를 뺀 것이다. 이렇게 해서 계산한 톤수가 적재 톤수(burden in tons)가 된다.

$$\frac{K \times B \times D}{100} = \frac{47 \times 18.5 \times 13}{100} = 120.25 \cdots ③$$

마지막으로 자라테(Don Francisco de Zarate)가 뉴 스페인(New Spain)의 총독(Viceroy) 엔리케즈(Don Martin Enriquez)에게 보낸 서한에 언급된 약 400톤이란 톤수는 드레이크가 스페인령 아메리카 대륙의 태평양 서해안을 약탈한 행위에 대해 변명하기 위해 골든 하인드 호의 실제 크기보다 다소 과장한 것으로 볼 수 있다.

이와 같은 논증 끝에 내쉬는 "골든 하인드 호의 크기가 여러 가지로 나타나게 된 것은 제원이 같은 한 척의 배를 다른 방식으로 톤수를 계산한 데 따른 것"이라고 결론지었다.

귀항시 골든 하인드 호가 싣고 온 화물의 가치는 현재 화폐가치로 약 1억 유로(약 1500억 원)에 상응하는 것으로 평가되고 있다. 항해를 후원했던 엘리자베스 여왕은 50% 상당의 이익금을 배당받았고, 1581년 4월 4일 골든 하인드 호 선상에서 드레이크에게 기사(Squire) 작위를 수여하였다.

기사가 된 써 드레이크(Sir Drake)의 문장에는 "위대함은 작은 시작으로부터 시작된다"(Sic Parvis Magna)는 라틴어 문구가 적혀있다. 골든 하인드 호는 14만 마일을 항해하여 영국 역사상 최초로 세계를 일주한 선박이라는 영예를 차지하였다. 세계 주항 후 골든 하인드 호는 아메리카 북동부의 래브라도까지 항해하였으나, 이후 엘리자베스 여왕에 의해 국가기념물로 지정되어 건조지인 데프트포드로 옮겨져 보존되었다. 그러나 심한 부식으로 1662년에 해체되어 역사 속으로 사라졌다고, 1973년 복원선이 건조되어 현재 전시되고 있다.

호레이쇼 넬슨 중장(1800)
자료 : Flagship Portsmouth, p.29.

넬슨의 기함 빅토리 호

1765년 7월 7일 진수된 빅토리 호는 현재 영국의 군항인 포츠머스에 보존되어 있는 세계에서 가장 오래된 군함이다. 3층 갑판구조의 1급 전함인 빅토리 호

포츠머스에 계류 중인 빅토리 호
자료 : Flagship Portmouth, p.25.

는 토머스 슬레이드 경의 설계에 따라 채텀(Chatham) 해군조선소에서 건조되었다. 빅토리 호는 길이 92m, 너비 15.9m, 최대 흘수 7.6m의 제원을 갖추고, 배수량은 2162톤으로 빅토리 호를 건조하는 데 2500 그루의 떡갈나무와 1500그루의 너도밤나무와 느릅나무가 소모되었다. 세 개의 돛대에 돛의 총면적은 1만 6000㎡로서 최고 14노트까지 항해할 수 있었다. 빅토리 호의 주돛대는 62m로서 12층 건물의 높이에 해당한다. 32파운드 포 30문, 24파운드 포 30문, 12파운드 포 44문 등 총 104문의 함포로 무장하고, 화약 35톤과 포탄 120톤을 적재할 수 있었다.

1805년 트라팔가르 해전에 참전할 당시 빅토리 호는 이미 40년이 된 낡은 배였다. 승무원 정원 850명인 빅토리 호는 트라팔가르 해전 당시 36개국 출신의 수병들이 뒤섞여 있었다. 수병들 중에는 노예였던 사람도 있었고, 제인 타운센드, 앤 호핑, 메리 앤 릴리 같은 여성도 남자 군복을 입고 전투에 임했다.

빅토리 호는 미국의 독립전쟁에 참전하는 등 30여년

을 현역에서 취역했다가 1798년 퇴역하였으나 넬슨의 요청에 따라 1801년 대대적인 수리를 하여 재취역하였다. 1805년 트라팔가르 해전에서 활약한 뒤 수리를 하여 발트해 함대에 배치되었다가 1812년에 퇴역하였다.

그 뒤 1844년에서 1869년까지는 기함으로, 1869년부터 1890년까지는 사무용 배로 활용되다가 1922년 도크에 계류되어 1924년부터 일반에 공개되었다. 그 뒤 1941년 폭격으로 일부 파손되었다가 수리 후 현재에 이르고 있다.

9
유럽 왕들의 전함 마리 로즈 호와 바사 호

대항해시대가 개막된 뒤 유럽은 항해열에 휩싸였다. 인디즈로 상징되는 아시아와 새로운 땅을 찾는다면 그것 자체만으로도 부와 명예를 얻을 수 있었다. 유럽 각국은 자국의 국력을 과시하고 이미 노골화된 해양경쟁에서 우위를 점하기 위해 앞 다투어 강력한 함선을 건조하기 시작했다.

영국의 헨리 8세의 그레이트 해리(Great Harry) 호와 마리 로즈Mary Rose) 호, 엘리자베스 1세의 아크 로얄(Ark Royal) 호, 스페인의 펠리페 2세의 산 마르틴(San Martin) 호, 스웨덴의 구스타프 2세의 바사(Vasa) 호가 그 대표적인 예다.

영국 헨리 8세의 마리 로즈 호

헨리 8세는 여섯 명의 아내를 맞이한 국왕으로 유명하지만, 다른 한편에서는 근대 영국의 기초를 닦은 탁월한 군주였다. 그는 1509년 부왕 헨리 7세의 뒤를 이어 왕위에 오늘 당시 부왕으로부터 군함 7척을 물려받았다. 그러나 그는 이에 만족하지 않고 재임기 동안 24척의 군함을 건조하였다. 헨리 8세는 유럽 대륙국가들에 맞서기 위해 해군력을 강화하여 해군위원회와 트리니티 하우스를 설립하여 해군 제도를 정비하고, 항로표지와 선원들의 자질 향상을 꾀하였다. 엘리자베스 1세가 스페인의 무적함대를 물리칠 수 있었던 것은 부왕 헨리 8세가 남겨준 유산 덕분이었다고 해도 지나친 말이 아니다.

헨리 8세의 기함 가운데 가장 유명한 전함으로는 헨리 그레이스 어 디우(Henry Grace A Dieu) 호를 들 수 있다. 보통 그레이트 해리(Great Harry) 호로 불리는 이 전함은 1514년 건조된 당대 유럽에서 최강의 전력을 보유한 전함이었다. 그레이트 해리 호는 배수톤수 1000톤에 경포

Mary Rose 호
자료 : The Mary Rose : Souvenir Guide, p.3.

180문을 장비하였으며, 돛대를 4개 갖춘 캐랙선이었다. 그레이트 해리 호는 튜더 왕조의 기함으로서 활약했지만, 불행히도 남아 있는 자료가 많지 않다.

다행히도 마리 로즈 호가 발굴되어 영국 튜더 왕조의 전함의 실체를 파악하는 데 도움을 주고 있다. 마리 로즈 호는 헨리 8세가 즉위 직후인 1510년 스코틀랜드에 대항하기 위해 포츠머스 왕립 조선소에서 건조한 전함이다. 진수 뒤 마리 로즈 호는 써 에드워드 하워드(Sir Edward Howard)와 그의 동생인 토마스 하워드 경(Lord

Thomas Howard)의 기함으로 활약하였다. 마리 로즈 호는 용골 길이 32m, 수선장 37.3m, 너비 11.3m, 흘수 4.5m, 최대 선미루 높이 13m의 제원을 갖추었다. 1514년 기록에 따르면, 마리 로즈 호는 청동제 중포 7문과 철제 중포 34문을 탑재하고 있었다.

크기는 1510년 진수 당시 배수톤수 500톤 가량이었으나 1536년 대대적인 수리를 통해 배수톤수를 700톤 가량으로 증가시켰다. 개조 후 총 승무원은 415명 내외였다.

마리 로즈 호는 1545년 7월 19일 프랑스 함대의 침입에 맞서기 위한 해상 작전 중 포츠머스 항 입구 1.3 마일 지점의 수심 12m 수심의 해역에서 침몰하였다. 침몰 원인이 대해서는 다양한 견해가 제시되었지만, 현재로서는 프랑스 군의 침입에 대비하기 위해 너무 많은 인원을 배치했던 데다가 포츠머스 항내 항해 중 급격한 침로 변경으로 인한 전복되었다는 것이 일반적인 견해다. 당시대의 목격자의 전언에 따르면, 침몰 당시 마리 로즈 호에는 약 700여명의 인원이 탑승했다고 하는데, 이는 통상적인 정원 보다 285명 이상 많은 숫자였다.

마리 로즈 호는 항내에서 침몰했기 때문에 침몰 직후부터 인양 시도가 이어졌다. 1982년 마리 로즈 호가 침몰된 지 337년 만에 마침내 세상에 그 모습을 드러냈는데, 배의 모습은 온데간데 없고, 2895점의 목재와 2만 571점의 유물들이 파편으로 인양되었다. 마리 로즈 호 인양을 위해 1967년 구성된 마리 로즈 위원회(Mary Rose Committee)는 가능한 한 선체의 윤곽을 보존하기 위해 당시로서는 획기적인 인양 방법을 동원하였다.

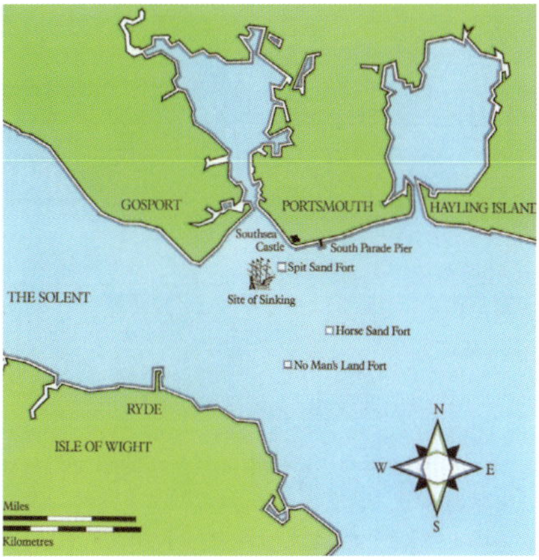

Mary Rose 호 침몰지
자료 : The Mary Rose : Souvenir Guide, f.3.

먼저 1단계로 선체를 와이어로 인양대에 연결하여 수압 자켓을 이용하여 약간 끌어 올린 다음, 인양대 위에 올려진 선체를 안치대로 옮겨서 인양대와 함께 들어 올렸다.

인양된 마리 로즈 호 선체는 포츠머스 항내 빅토리

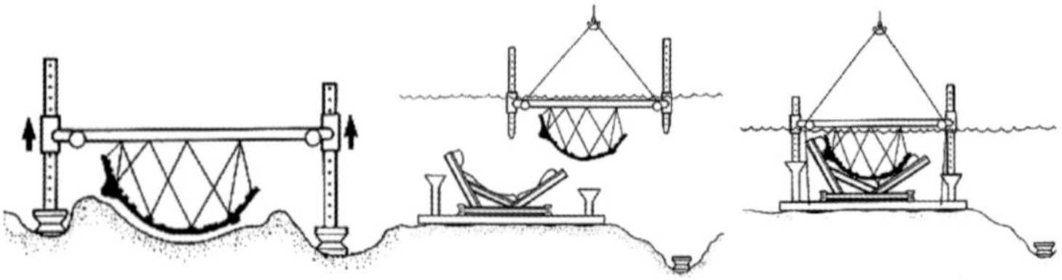

마리 로즈 호의 인양(1982. 12)
자료 : http://www.maryrose.org/project/index.html

호 옆의 건선거로 옮겨져 10년간 화학적 보존 처리를 거쳐 1993년 잔존 선체 조각들을 조립 복원하였다.

마리 로즈 호의 보존 과정은 일반인에게 공개되었으며, 보존 처리된 마리 로즈 호는 2012년 완공된 마리 로즈 박물관에 전시되고 있다.

스웨덴 구스타프 2세의 바사 호

마리 로즈 호에 앞서 1961년 스웨덴의 스톡홀름 항내에서 바사 호가 인양되어 전 세계인의 관심을 끌었다. 바사 호가 세계인의 관심을 끌었던 것은 스톡홀름 항내에서 진수 항해 도중 침몰했고, 전성기 범선으로서 선체가 그대로 인양된 것은 처음이었기 때문이다. 17세기까지 스웨덴은 현재의 핀란드를 아우르는 광대한 영토를

바사 호
자료 : Vasa Museum, Vasa, pp.24-25.

가진 대국이긴 했지만, 인구는 고작 150만 명에 불과한 약소국에 지나지 않았다. 그러나 북방의 사자왕이라 일컫는 구스타프 2세가 1611년 즉위하면서 발트해의 제해권을 두고 독일 황제와 겨루면서 북유럽의 강자로 부상했다. 구스타프 2세가 이를 위해 야심차게 추진한 작업이 전함 건조였으며, 바사 호는 그 상징물이었다. 1628년 스톡홀름 항내의 조선소에서 건조된 바사 호는 선체 길이 47.5m, 너비 11.7m, 주돛대의 높이 52.5m, 흘수 4.8m, 배수톤수 1210톤에 이르는 당대 최고의 전함이었다. 돛대는 선수 가름 돛대(bowsprit)까지 합하여 총 4대에 돛 10장을 설치하였다. 무장도 당대 최고여서 24파운드 포 48문, 3파운드 포 8문, 1파운드 포 2문 등 총 64문을 장비하였으며, 승무원은 선원 145명과 병력 300명이 탑승할 수 있었다.

그러나 바사 호는 진수 후 몇 시간을 버티지 못했다. 1628년 8월 10일 오후 바사 호는 스톡홀름 항내 조선소에 진수를 마친 뒤 처녀항해를 위해 돛을 펴는 순간 첫 번째 돌풍이 불었고, 잠시 뒤 두 번째 돌풍이 불었다. 이에 바람의 압력을 줄이기 위해 돛을 내리려는 순간 세 번째 돌풍이 불어 바사 호는 그대로 전복하고 말았다. 필자가 2010년 8월 바사 박물관을 방문했을 때 박물관측 관계자들은 바사 호의 침몰 원인으로 돌풍을 들었다. 그러나 이는 바사 호를 변호하려는 의도가 다분히 내포되어 있다. 왜냐하면 바사 호는 그 화려한 외관에 비해 구조상 심각한 결함을 내포한 선박이었기 때문이다. 바사 호는 선폭은 좁은 데 비해 높이는 너무 높았고, 형식면에서 공식적으로는 갈레온 선이라고 얘기하지만, 캐랙선과 갈레온 선을 혼합한 형태였다.

바사 호의 침몰 원인은 사고 후 재판 과정에서 드러났다. 구스타프 2세가 네덜란드 출신의 헨릭 히베르트손 데 그로트가 설계한 원 설계도를 수차례 제멋대로 변경을 지시했다는 사실이 밝혀졌던 것이다. 설계 변경으로 선폭이 좁아져 배의 안정성에 필요한 바닥짐 400톤을 실을 수가 없었다. 진수 전 시험항행에서 한손(Hansson) 함장은 수병들에게 갑판 한쪽 끝에서 다른 쪽 끝까지 뛰어가도록 했더니 선체가 크게 흔들렸다. 덴마크 출신의 한손 함장은 플레밍 제독에게 이 사실을 보고했으나, 이렇다 할 조치가 없었다. 선폭이 좁은 것이 침몰의 유일한 원인은 아니었다. 더 큰 문제는 수면 위 1.2m 높이에 설치된 포의 현문을 열고 항해를 시도한 것이었다. 한손 함장은 처녀 항해시 포문을 모두 개방하

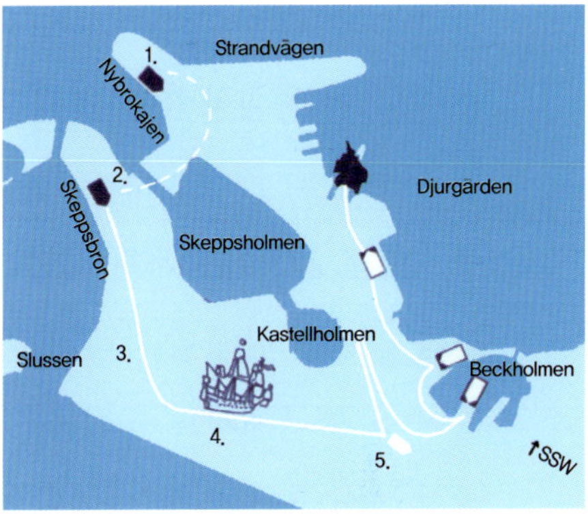

Vasa 호의 침몰지
자료 : 자료 : Vasa Museum, Vasa, p.4.
주 : 1 - 조선소, 5 - 침몰지

고 포를 양현으로 돌출시켰는데, 돌풍으로 한쪽으로 기울면서 열린 포문으로 바닷물이 유입되면서 급격하게 침몰하게 된 것이었다. 결국 바사 호의 침몰의 원인은 구스타프 2세 자신에게 있었다. 그는 바사 호의 원 설계도를 외관을 위해 수차례 변경할 것을 지시했다. 군사법원이 그 누구에게도 유죄판결을 내리지 않고 바사 호 침몰사건을 종결한 것은 이를 반증하고 있다. 바사 호는 침몰 333년 만인 1961년 세상에 그 모습을 드러냈다. 이후 보존처리를 한 바사 호는 1990년 개관한 바사박물관에 영구 보존되어 일반인에게 공개되고 있다.

캐랙선에서 갈레온선으로

헨리 8세의 전함 그레이트 해리 호는 캐랙선이었고, 바사 호는 외관상으로 갈레온(galleon)선이지만, 실제로는 캐랙선과 갈레온선을 혼합한 배였다. 캐랙선은 대항해시대 탐험선으로 널리 이용된 선박이었다. 콜럼버스의 기함 산타 마리아 호와 마젤란의 빅토리 호 등이 모두 대표적인 캐랙선이었다. 캐랙선과 갈레온선의 차이는 일반인들은 말할 것도 없고, 전문가들조차도 구분하기 힘들다. 단순하게 말한다면 캐랙선은 갈레온선보다는 좀 작고 무장을 갖추었지만 상선이나 탐사선에 주로 이용되었고, 갈레온선은 캐랙선 보다는 크고 전함이었다.

갈레온선은 캐랙선에 이어 16세기 말부터 등장한 유럽의 범선이다. 캘랙선과 갈레온선의 범장을 비교해보면, 두 선형 모두 세대박이에다 앞돛대와 주돛대에 톱세일(top sail)을 갖춘 횡범(네모돛)을 달았고, 뒷돛대에는 종범(세모돛)을 갖추었기 때문에 범장 면에서는 차이가 없다. 그렇지만 두 선형은 분명한 차이가 있었다. 첫째는 캐랙선은 무장을 갖추기는 했지만 주로 상선으로 쓰였고, 갈레온선은 처음부터 전함으로 개발되었기 때문에 캐랙선에 비해 컸다. 또한 두 선형의 선체의 주요 척도비가 차이가 있는데, 캐랙선은 선체 길이 : 용골 길이 : 너비의 비율이 3 : 2 : 1인데 반해, 갈레온선은 4 : 3 : 1이다. 이는 갈레온선이 캐랙선에 비해 길이가 길고, 너비가 작은 배라는 사실을 의미한다. 이처럼 갈레온선의 길이가 길고 너비가 작은 것은 처음부터 전함으로 개

캐랙선(좌)과 갈레온선(우)
자료 : 김재근, 『배의 역사』, p.126

발되어 기민한 기동력을 얻고, 현측에 되도록 많은 포를 배치하기 위해서였다. 캐랙선과 갈레온선이 외견상 차이가 있는 것은 선수루에 있었다. 캐랙선은 선수루가 선수부 맨 앞에 배치했으나, 갈레온선은 선수루를 뒤로 물리고 선수부 앞 끝에 새부리 모양의 비크헤드(beak-head)를 두었다. 갈레온선에 비크헤드를 설치한 것은 전함으로 속력이 중요했기 때문에 바우스프릿을 설치하여 돛을 설치하기 위해서였다.

갈레온선이 어디에서 기원했는지는 분명하지 않지만, 갈레온이란 용어 자체가 갤리(galley)나 갈리아스(gallias)와 비슷하고, 이탈리아 갤리선들이 모두 비크헤드를 갖추었다는 점에서 이탈리아에 기원을 두고 있다는 것이 일반적이다. 유럽의 역사를 뒤돌아보면, 15세기 중엽부터 16세기 전반기에 걸쳐서는 항양성능이 좋고, 안정성이 있는 캐랙선이 등장했고, 16세기 후반기에 제해권 다툼이 치열해짐에 따라 기동성이 좋고, 포를 많이 장비할 수 있는 갈레온선이 대두했다. 이는 두 선형 모두 유럽의 시대적 필요에 따른 소산이었음을 의미한다. 갈레온선은 17세기부터 18세기까지 유럽 전성기 범선의 전형이 되었다.

10
뱃사람들의 비극의 상징 '바타비아 호와 플라잉 더취맨'

네덜란드 동인도무역의 번영

인도로 대표되는 아시아로 향하는 항로를 개척한 것은 포르투갈이었지만 최종적으로 그 열매를 따먹은 것은 네덜란드와 영국이었다. 바스코 다가마가 인도항로를 개척한 1498년 이래 포르투갈은 1세기가량 동양무역을 장악함으로써 근대 역사상 처음으로 해양제국으로 번영하였다. 그러나 이베리아반도의 조그만 이 나라는 스페인이라는 거대한 대륙 국가를 이웃에 둔 불행을 피할 수 없었다. 1580년 포르투갈은 스페인의 펠리페 2세를 왕위계승자로 지정하지 않을 수 없게 되었고, 결국 스페인에 합병되고 말았다. 아시아무역을 강력하게 장악하고 있던 포르투갈의 쇠퇴는 곧 네덜란드와 영국의 발흥으로 이어졌다. 두 나라는 1601년과 1602년 각각 동인도회사를 설립하고 치열한 경쟁을 벌이면서 동양무역을 장악하기 위해 말 그대로 전력투구하였다. 1620년대에 이르면 네덜란드가 인도네시아를, 그리고 영국이 인도를 자기세력화 하는 것으로 대체적인 권력지도가 그려졌다.

네덜란드 동양무역의 거점 바타비아

오늘날 바타비아(Batavia)라면 아주 생소한 낱말이지만 인도네시아가 네덜란드로부터 독립을 쟁취한 1949년까지 오늘날 자카르타를 일컫는 지명으로 300여 년간 사용된 지명이다. 사실 바타비아는 로마시대에 용병으로 크게 활약한 네덜란드인의 이름이었다. 자카르타가 바타비아로 불리게 된 연원은 네덜란드동인도회사의 제4대 동인도총독이었던 얀 쿤(Jan Coen)에게까지 올라간다. 1619년 불과 32살에 총독에 임명된 쿤은 당시 자바섬에 구축되어있던 포르투갈인들을 축출하고 잉글랜드인들의 침입을 막아내는 데 성공했다. 그 과정에서 쿤은 악명을 떨쳤는데, 그 대표적인 예가 자카르타에 불을 질러버렸다는 것이다. 1628년 8월 마타람제국의 술탄이 자카르타의 네덜란드상관인 바타비아를 포위공격해오자 원주민인 반탐인들을 소개(疏開)시키고 자카르타에 불을 지르고 후퇴해버렸다. 그 해 12월 마타람인들이 물러난 뒤 쿤은 되돌아와 네덜란드식 도시를 건설하기 시작했다. 이렇게 해서 건설된 신도시가 바타비아였다.

1602년 출범한 네덜란드동인도회사는 일부 손실을 기록한 경우도 있었지만 전체적으로 막대한 이익을 거두었고 그에 따라 투자자들도 상당한 배당금을 받을 수 있었다. 어떤 항해에서는 1000%이상의 이익을 기록한 적도 있었고, 배당금도 10%, 20%, 또는 한번은 100%가 해마다 주주들에게 지급된 적도 있었다. 이런 상황에서 1628년 네덜란드동인도회사가 최신예범선을 건조하여 아시아로 파견하면서 그 기함의 이름을 바타비아 호로 명명했던 것은 그리 이상한 일도 아니다.

갈레온선의 전형 바타비아 호

네덜란드동인도회사는 용도에 따라 선박을 크게 세 종류로 건조하였다. 가장 큰 배는 동양까지의 왕복항해를 할 수 있는 복항선이었고, 그 다음으로는 화물운반용 플라이트선(fluyt)이었다. 플라이트선은 화물창에 쉽게 접근할 수 있도록 입구를 널찍하게 건조하였는데 복항선에 비해 건조비가 싸고 바닥이 평평하고 고물이 둥그스름한 선형이었다. 마지막으로 50톤 이하의 화물을 운송할 수 있도록 건조된 가볍고 다루기 쉬운 작은 야트(yacht)였다. 각배들은 네덜란드식의 뱃전먼저짜기방식으로 지어졌다. 이 건조법은 뱃전판을 먼저 결합하고 나서 선체내부의 늑재와 뼈대를 이어붙이는 방법으로 당시로서는 혁신적인 조선술이었다. 네덜란드동인도회사의 조선소는 17세기에만 1500척의 상선을 건조하였다.

바타비아 호 자체는 보통배가 아니라 당대에 가장 큰 배 가운데 하나였다. 바타비아 호는 배수량이 1200톤에 적재톤수 600톤, 이물에서 고물까지의 전체 길이가 약 48m였다. 48m는 네덜란드동인도회사의 규칙에 허용된 배의 최대길이였다. 바타비아 호는 4층 갑판선으로

바타비아 호 복원선
자료:http://www.bataviawerf.nl/pers.html

돛대가 3개, 포가 30문이 장비되어 있었다. 이 배의 설계자인 얀 라익센은 당시 66세임에도 여전히 활동적이고 빈틈이라고는 없었던 유명한 선박설계사였다. 그는 바타비아 호의 선체를 3인치짜리 오크재를 사용하여 두 겹으로 만들고 그 사이를 물이 새지 않도록 말총을 타르로 짓이겨 넣었을 뿐만 아니라 외판을 전나무나 소나무로 만들었다. 선체를 감싸고 있는 연한 침엽수들은 좀조개들이 선체를 갉아먹는 것을 방지해준다.

좀조개들은 이물에서 고물까지 연한 선체의 외판을 파고들어가 구멍을 내고 서식하기를 좋아하여 외판 안의 더 딱딱한 오크재 속까지 공격할 수도 있다. 좀조개의 공격을 방어하기 위한 추가적인 예방책으로 바타비아 호의 외판은 두꺼운 철못을 사용했고, 송진과 유황기름과 석회를 혼합하여 외판에 발랐다. 마지막으로 배의 외판 보호재 자체도 수백 마리의 도축된 소의 가죽을 수면선을 따라 소나무 외판재 위에 덧씌워 보호했다.

바타비아 복원선의 선수상
자료 : 루츠 붕크, 『역사와 배』, p.103

짐을 싣지 않은 바타비아 호가 예강의 강물 위에 떠있을 때에는 이 가죽들이 드러나 선체의 아래쪽 부분은 마치 누더기 옷을 기워 놓은 것 같은 모습이었다. 바타비아 호를 건조하는 데 거의 10만 길더(대략 750만 달러)에 달하는 건조비가 들었다.

비극으로의 항해

1628년 10월 29일 바타비아 호는 승무원 194명과 승객 138명을 태우고 하루 전날 출항한 6척의 동인도선의 기함으로서 인도네시아로 출항하였다. 바타비아 호에는 무역을 위한 약 40만 길더(약 3천만 달러)에 달하는 상품이 실려 있었던 것으로 추정되고 있다. 원래 이 선단은 18척으로 구성되었지만, 먼저 기함 바타비아 호와 6 척이 한 선단을 이루어 출항하게 되었다. 선단장은 동인도회사의 수석상인 펠사아르트였고, 선장은 아리안 야콥스였다.네덜란드 암스테르담의 텍셀강에서 바타비아까지는 약 1만 5천 마일에 이르렀고, 범선의 통상 평균 속력 2.5노트로 항해할 경우 약 8개월이 소요될 것으로 예상되었다. 항해중 일상적인 사소한 문제를 제외하고 바타비아 호는 그럭저럭 대서양을 항해하는 데 성공하였다. 희망봉 인근에서 선단의 배들과 떨어지기는 했지만 난바다에서 배들이 선단을 이루어 목적지까지 항해한다는 것 자체가 무리였다.

바타비아 호의 비극은 1629년 6월 4일 새벽에 시작되었다. 당시 대부분의 네덜란드동인도회사의 배들이 그러했던 것처럼 바타비아 호도 희망봉을 돌아 인도양에 접어든 뒤에는 거의 정동으로 항해하였다. 이는 정동으로 항해한 뒤 바타비아와 비슷한 경도에 이르면 정북으로 항해하기 위한 것이었다. 그러나 경도를 정확하게 측정할 방법이 없었기 때문에 경도는 속력과 침로, 조류 등을 감안하여 말 그대로 추측하는 수준에 머물러 있었다. 따라서 야콥스 선장이 경도를 실제보다 300마일 이상 틀리게 추산하는 것도 무리가 아니었다. 바타비아 호의 비극은 바로 경도를 잘못 추산한 데서 기인한 것이었다. 6월 4일 새벽 바타비아 호는 오늘날 호주 서해안의 아브롤요스(Abrolyos) 군도라고 하는 자그마한 산호초 군도에 좌초하고 말았다.

만약 썰물 때 좌초하였다면 밀물 때 이초할 수도 있었을 것이다. 그러나 바타비아 호가 좌초한 시간은 밀물 때였다. 바타비아 호는 점차 물때가 바뀌면서 결국 파선해 버렸다. 최초의 좌초로 40명이 익사했고 남은 292명은 주위의 산호초 섬에 분산 배치되었다. 선단장인 펠사아르트와 야콥스 선장은 구명정을 이끌고 2000마일 이상 떨어진 동인도회사의 상관이 있는 바타비아까지 항해하는 데 성공하였다. 이들이 바타비아에 도착했을 때는 쿤 총독이 불을 지른 상관을 재건하는 데 정신이 없을 때였다. 이들은 쿤 총독의 명령에 따라 1629년 7월 7일 구조선 프레더릭 헨드릭 호를 타고 아브롤요스 군도에 도착했다. 그러나 이들을 기다리고 있는

바타비아 호의 항로
자료: 마이크 대쉬, 『미친항해』, f.15.

것은 피비린내 나는 살육의 현장이었다.

비극의 결말

그 내막은 이러했다. 선단장과 선장이 바타비아로 구조요청을 위해 떠난 뒤 잔류한 사람들은 선상위원회를 구성하여 부족한 식량을 관리하고 질서를 유지하려고 하였다. 이 선상위원회의 위원장으로 선출된 사람은 동인도회사의 상인보인 코르넬리스 예로니무스였다. 예로니무스는 약제사 출신으로 사업 실패와 가정 내 불행을 피할 방편으로 동인도회사의 상인보가 되어 선단에 승선하게 되었는데, 이단에 가까운 신념의 소유자였다. 그는 선상위원회를 중심으로 부족한 식량을 축내는 사람들을 제거한다는 명분으로 어린이, 부녀자, 늙은이 등을 살해하기 시작했다. 처음에는 부족한 식량을 아낀다는 명분이었지만, 차츰 살인은 아무 것도 할 것이 없는 무인도에서 무료함을 달래는 놀이가 되어갔다.

그 결과는 참혹하여 124명에 이르는 사람들이 무참하게 살해되었다. 페레더릭 헨드릭 호의 도착은 이러한 비극의 종말을 가져왔지만, 살육자들에게는 또 다른 비극의 시작이었다. 선단장 펠사아르트는 재판을 실시하여 살육에 가담한 7명을 교수형에 처하고 예로니무스를 비롯한 핵심 주동자들은 바타비아로 호송해 갔다. 이들 주동자들은 바타비아에서 재판을 통해 종신형을 선고받았다. 바타비아 호 사건은 세계해양재난사 가운데 최악의 사건 중 하나로 기록되고 있다. 그러나 바타비아 호 사건으로 아브롤요스군도의 위치가 확인되어 호주

대륙의 실체가 알려지게 되었다는 점에서 그 희생자들은 인류의 진전에 일정한 역할을 한 셈이다.

떠도는 네덜란드선 Flying Dutchman

바타비아 호의 참극이 있고 난 뒤 반세기만에 세계의 바다 곳곳에서는 기이한 이야기가 떠돌기 시작했는데 그것은 떠도는 네덜란드선으로 상징되는 유령선에 관한 것이었다, 1689년 12월, 네덜란드의 식민지가 된 케이프타운 상공에서 불길한 혜성이 나타났고, 12월 23일에는 머리가 둘 달린 송아지가 이곳에서 태어났다. 이듬해인 1690년 1월 28일에는 테푸이(Tepui, 탁상산지)만에 정박해 있던 '데 노르트' 호가 사라졌다. 5월 초에 알베르트 포케르스 선장이 스노페르 호를 타고 이 만으로 입항했다. 알베르트 포케르스 선장은 암스테르담에서 바타비아까지 90일 만에 항해한 바렌트 포케르스 선장의 아들이었다. 최단항해기록을 세울 당시 아버지 포케르스 선장이 탔던 배도 스노페르 호였다. 1690년 5월초 테푸이 만에 또 다른 배가 입항했는데 먼저 입항한 알베르트 포케르스 선장은 이 배가 선단 중의 페르굴데 플라밍 호라고 생각했다. 그런데 페르굴데 플라밍 호가 온데 간 데 없어지고 말았다.

이런 이야기들이 한 데 뒤섞였다. 페르굴데 플라밍(Vergulde Vlamingh) 호가 플리겐데 플라밍(Vligende Vlamingh) 호로 전해졌다. 이는 다시 영어로 플라잉 플레밍(flying Fleming)으로 바뀌었는데, 영국 선원들은 이를 영어식으로 '떠도는 네덜란드선(flying Dutchman)'으로 불렀다. 영국인들이 네덜란드인들을 싫어할만한 이유는 많았다. 해외 식민지 전쟁에서 네덜란드는 영국의 가장 강력한 경쟁자였고, 1623년에 네덜란드동인도회사가 암본섬의 영국인들을 학살하였으며, 1667년 해전에서 쓰라린 패배를 안겨준 사건도 있었다. 떠도는 네덜란드선이 확실한 근거를 획득한 데

떠도는 네덜란드선 호 상상화(17세기)
(희망봉 해역은 떠도는 네덜란드선 호가 가장 자주 목격되는 곳이다)
자료 : 루츠 붕크, 『역사와 배』, p.107.

바그너의 오페라 〈떠도는 네덜란드선〉의 제1막
자료: 루츠 붕크, 『역사와 배』, p.108.

에는 18세기 말에서 19세기 사이에 문학작품으로 활자화된 데 힘입은 바 크다. 1798년 영국의 문학가 콜리지와 1813년 월터 스콧이 네덜란드 유령선에 관한 이야기를 출간하였으며, 1821년에는 에든버러의 잡지에도 이야기가 소개되었다. 이 잡지에서는 네덜란드 유령선의 선장이 반 더 데켄이라는 이름까지 얻게 되었다. 1822년 워싱턴 어빙의 폭풍의 배에서는 유령선의 활동무대가 허드슨강이 되었고 빌헬름 하우프는 1826년 유령선 이야기에서 인도양을 무대로 삼았다. 떠도는 네덜란드선은 1841년 바그너의 오페라 〈떠도는 네덜란드선〉에서 그 정점에 이르렀다. 이집트인이나 바이킹, 우리 조상들에게 배는 사후 영혼과 내세를 연결해주는 매개체이기도 했다. 떠도는 네덜란드선 호는 한편에서는 바다를 유랑하는 선원들의 삶을 상징하기도 하고, 다른 한편에서는 바다에서 발생하는 초자연적 현상을 유령선이라는 이미지로 형상화 한 것이기도 하다.

11
세계를 탐사한 캡틴 쿡의 기함들
: 인데버 호와 레졸루션 호

아무리 해양에 문외한이라고 해도 제임스 쿡을 모르는 사람은 없을 것이다. 그는 콜럼버스와 함께 역사상 가장 위대한 선장 가운데 한 사람으로 손꼽히고 있다. 그러나 제임스 쿡은 단순히 탐험가나 선장에 그쳤던 인물이 아니었다. 그는 스코틀랜드에서 이주해온 가난한 마름의 아들에, 학력이라곤 초등교육을 받은 데 불과하였다. 그럼에도 불구하고 그는 성실함과 근면함, 그리고 끈질긴 탐구정신으로 영국 해군 포스트 캡틴(대령과 준장 사이의 계급)까지 승진한 입지전적 인물일 뿐만 아니라, 남극해, 북극해, 남태평양 등 지구의 전 해역을 항해하고

캡틴 제임스 쿡(1728-1779)
자료 : John Gilbert, *Charting the Vast Pacific*, p.126.

탐사한 대항해가이자 탐사대장, 수로측량가, 지도제작자였다. 우리가 그의 이름 앞에 캡틴이라는 존칭을 붙여 호명한다는 사실은 그의 위대함을 보여주는 단적인 예다.

쿡의 1차 항해 : 미지의 남방대륙을 탐사하다

캡틴 쿡은 영국 해군본부가 기획한 탐사의 탐사선 선장으로 임명되어 그의 삶 말년을 미지의 바다를 항해하는 데 헌신했다. 1768년 영국 왕립협회는 해군본부와 공동으로 태평양 탐사를 계획했다. 탐사의 주된 목적은 "1769년 7월 3일, 금성이 태양의 자오선을 통과하는 것을 타히티 부근에서 관측하여 지구에서 태양까지의 거리를 측정하라"는 공식 임무 외에, "고대부터 전해오는 '미지의 남방대륙(terra incognita australis)'의 존재 여부를 확인하라"는 비공식 임무도 포함되어 있었다. 당초 영국 왕립협회는 탐사대장으로 지리학자이자 천문학자인 알렉산더 달림플 경을 추천했다. 하지만 해군본부는 그가 원양항해 경험이 부족하다는 이유를 들어 거부하고, 펠리서 경의 추천을 받아 제임스 쿡을 탐사대장으로 임명하였다. 쿡은 비천한 집안 출신인데다, 50톤 내외의 소형 브릭형 측량선을 지휘했던 경험 밖에 없었고, 계급도 아직 하사관에 머물러 있었다. 이러한 불리한 조건을 가진 쿡이 이제까지의 전례를 깨고 탐사대장으로 임명될 수 있었던 것은 그렌빌 호를 지휘하여 뉴펀들래드 해역을 상세히 조사하여 지도를 작성하여 『북아메리카 수로지』라는 책을 출간한 업적을 인정받았기 때문이다. 펠리서 경은 제임스 쿡을 탐사대장으로 천거하면서 그를 "뛰어난 뱃사람이자 수로측량가이며, 관측가"라고 높이 평가했다.

대위(lieutenant)로 진급한 제임스 쿡은 조셉 뱅크스를 단장으로 하는 총 96명의 대원들을 이끌고 타히티로 항해하였다. 1769년 6월 3일 쿡 일행은 금성을 세 차례 관측하여 태양까지의 거리를 측정하려 했으나, 관측 때마다 다른 결과치가 나와 결국 탐사의 공식 목적은 달성하지 못하였다. 이후 쿡은 비공식 임무인 '미지의 남방대륙'을 찾아나서 소시에테 섬과 뉴질랜드와 호주 동해안을 탐사하고 지도를 제작한 뒤 1772년 7월 12일 영국으로 귀환했다. 플리머스를 출항한 지 2년 11개월만의 귀환이었다.

석탄운반선 인데버 호, 쿡의 1차 항해의 기함이 되다.

인데버 호 모형선
자료 : Oliver E. Allen, *The Pacific Navigators*, p.109.

쿡이 1차 항해의 기함으로 활용한 배는 석탄 운반선인 인데버 호였다. 영국 해군본부는 당초 탐사선으로 주력함인 프리깃 함을 파견하려고 생각했다. 그러나 쿡은 전함인 프리깃 함은 탐사 항해에는 적당하지 않다고 생각했다. 프리깃 함은 600톤 내외로 식량과 장비를 넉넉하게 적재할 수 있다는 장점이 있었지만, 해안을 탐사하기에는 흘수가 너무 깊다는 단점이 있었다. 쿡은 "탐사 항해에 적합한 배는 흘수가 얕아야 하고, 장기간의 항해에 필수적

인데버 호 복원선
자료 : 루츠 붕크, 『역사와 배』, p.127.

인 식량을 충분히 적재할 만큼 선창이 넓어야 하며, 좌초에 견딜 수 있도록 튼튼하고, 육지로 끌어올릴 수 있을 정도로 작아야 한다"고 생각했다. 따라서 쿡은 자신이 어릴 적 처음 승선했던 석탄운반선인 '컬리어(collier)'을 탐사선으로 사용하게 해달라고 해군본부에 요청했다. 해군본부는 그의 요청을 받아들여 £2307의 예산으로 석탄운반선인 '얼 어브 펨브로크(Earl of Pembroke)' 호를 구입하여 '인데버' 호로 개명하였다.

인데버 호는 재래식 선수상(船首像, figurehead)이 없고, 뱃머리는 넓고 높으며, 고물(船尾)은 수직으로 된, 길이 30m, 너비 8.7m, 흘수 4.5m의 368톤급 선박이었다. 인데버 호의 최고 속도는 8노트에 불과했지만, 조타 성능이 뛰어났다. 돛대는 세대박이에 이물가름대(bowsprit)를 갖추었는데, 앞돛대와 주돛대에는 네모돛 3장을 장비하였고, 뒷돛대에는 네모돛 2장과 마름모돛 한 장을 장비하였다. 이전의 캐랙선이나 갈레온선은 모두 선수루와 선미루를 갖추고 있었지만, 인데버 호는 선수루와 선미루가 설치되지 않았다. 영국에서는 석탄운반선을 캣 쉽(cat ship)으로도 불렀는데, 캣은 항해용어로 '산들바람'을 뜻한다.

'인데버 호' 스케치
자료 : 존 헤일, 『탐험시대』, p.147.

쿡이 석탄 운반선을 기함으로 활용한 것이 탁월한 선택이었음은 호주 동해안의 대산호초(Great Barrier Reef) 해역을 항해하는 동안 여실히 입증되었다. 호주 동북부의 1200마일이나 되는 산호초 군을 항해하는 동안 인데버 호는 산호초에 자주 부딪혔고, 결국 좌초하여 물이 스며들고 말았다. 쿡은 간신히 뱃밥으로 틈을 막고 만조를 이용하여 배를 부양시킨 뒤 호주의 동북부의 작은 항구에 입항하여 인데버 호를 수리하였다. 만약 쿡이 해군본부의 지시대로 600톤급의 프리깃함을 기함으로 사용했다면 분명 이 대산호초 군에 좌초되어 옴싹달싹 못하고 침몰하고 말았을 것이다. 쿡은 항해일지에 "인데버 호 같은 평저선은 육지 가까이 충분히 근접하여 항해할 수 있다. 최악의 경우에 좌초했을 경우에도 전복될 염려 없이 얼마 동안 산호초 위에 얹혀있을 수 있었다."고 적음으로써 자신의 판단이 옳았음을 내비쳤다.

영국으로 귀항시 인데버 호에 동승했던 96명 가운데 32명이 귀환 도중 사망했다. 그러나 이는 탐사대장인 쿡의 관리 소홀 때문이 아니라, 귀항시 들렀던 인도네시아 바타비아의 습한 기후 탓이었다. 바타비아에 기항한 뒤 31명이 말라리아, 이질, 결핵으로 죽었기 때문이다. 쿡은 국왕 조지 3세를 배알하고 항해결과를 한 뒤, 탐사를 성공적으로 이끈 공로를 인정 받아 중령으로 진급했다.

석탄운반선 레졸루션 호, 남극해 탐사의 기함이 되다

쿡은 항해보고에서 '미지의 남방대륙은 존재하지 않을 지도 모른다'고 적었다. 그러나 런던 상류사회의 유력가인 달림플은 그의 주장을 받아들이지 않았다. 쿡은 '미지의 남방대륙'에 대한 논란에 종지부를 찍으려고 했다. 그는 해군본부에 탐사선 2척만 지원해 준다면, 남방대륙과 관련된 논란을 종식시키기 위해 기꺼이 탐험에 나서겠다고 자청했다. 해군본부는 그의 요청을 받아들여 다시 한 번 '미지의 남방대륙의 존재여부'를 확인하

베링해협에 갇힌 레졸루션 호
자료 : John Gilbert, *Charting the Pacific*, p.140.

도록 지시했다.

쿡은 이번에도 탐사선으로 석탄운반선인 462톤급의 레졸루션 호와 340톤급의 어드벤처 호를 선택했다. 레졸루션 호나 어드벤처 호는 크기만 다를 뿐 선형 자체는 인데버 호와 큰 차이가 없었다. 차이가 나는 것은 레졸루션 호의 경우 탐사용으로 개조하는 과정에서 기존 갑판에 갑판을 한 층 추가했다는 점이다. 쿡은 이러한 개조에 대해 개인적으로 상층부가 무겁게 되어 감항성에 문제가 될 것을 염려하였다.

그가 세운 탐사계획은 간단했다. 이제까지 그 누구도 항해해 본 적이 없는 남위 고위도 해역까지 탐사하여 남방대륙이 존재하는지의 여부를 확인하고, 겨울 동안에는 뉴질랜드와 타히티섬에서 휴식을 취한다는 것이었다. 1772년 7월 13일, 플리머스를 출항한 쿡은 케이프 타운을 경유하여 2주일 뒤에 남위 60° 선상의 해역으로 진입했다. 남극의 여름에 해당하는 1773년 1월 남극권에 진입한 쿡은 거대한 빙산에 압도되었지만, 녹아내린 빙산 사이를 헤쳐 가며 항해를 계속했다. 쿡은 남극대륙의 75마일 지점까지 접근한 것으로 짐작했다. 추위와 빙산 때문에 해도를 작성하는 일이 불가능했기 때문에 정확한 지점은 확인할 수 없었다. 그 때까지 남극해는 그 누구도 항해해 본 적이 없는 미지의 바다였다. 그러나 결국 쿡에 의해 남극해에도 사람의 발자취가 남게 되었다.

쿡은 얼음에서 벗어나 북쪽으로 항로를 바꾸어 다시 인도양으로 진입했다. 이 때 레졸루션 호와 어드벤처 호는 안개 때문에 서로 헤어졌지만, 원래 계획에 따라 남서부의 뉴질랜드 더스키 만에서 만나 남녘의 겨울을 보냈다. 1773년 11월에 시작된 두 번째 남극해 탐사는 태평양 해역에서 이루어졌다. 남극권 아래쪽으로 내려가면서 동쪽과 남쪽 바다를 탐사했지만 안개 속에서 빙산이 항로를 가로막고 있을 뿐이었다. 쿡은 1774년 1월 30일 남위 71°10', 서경 106°54' 지점에 도착함으로써 당시로서는 지구 최남단까지 항해하는 기록을 세웠다.

쿡은 다시 뉴질랜드로 되돌아와 휴식을 취한 뒤 1774년 2월부터 10월까지 남태평양을 탐사하여 이스터 섬·통가·마르케사스·뉴헤브라이즈제도·뉴칼레도니아 등을 탐사했다. 쿡은 통가를 프랜들리 섬라고 명명했는데, 뉴헤브라이즈제도·뉴칼레도니아 또한 그가 명명한 이름이다. 남녘바다의 여름이 찾아오자 쿡은 다시 남극해 탐사에 나섰다. 1775년 1월부터 2월까지 대서양 해역의 남극권을 탐사한 쿡은 사우스 샌드위치 섬과 사우스 조지아 섬을 발견한 뒤 귀항길에 올라 플리머스를 출항한 지 3년 17일 만인 1775년 7월 30일 영국으로 귀환했다. 쿡이 항해한 거리는 7만 마일에 달했다.

이처럼 쿡은 온갖 어려움을 무릅쓰고 남극해를 세 차

례에 걸쳐 탐사했음에도 불구하고 미지의 남방대륙이 라고 할 만한 땅을 발견하지 못했다. 남극대륙에서 남아메리카 남단 쪽으로 뻗어 있는 남극반도를 발견했으나, 그 곳은 자신들이 생각했던 미지의 남방대륙이라고 할 만한 땅은 아니었다. 결국 쿡은 '남위 60° 이북에는 대륙이 존재하지 않으며, 만약 대륙이 존재한다면 그 대부분은 남극에 있을 것'이라고 결론지었다.

캡틴 쿡, 정밀시계로 경도를 정확히 계산하다

쿡은 2차탐사 항해의 본래 목적이었던 '미지의 남방대륙'을 존재하지 않는 것으로 최종 확인했다. 부어스틴은 쿡이 '부정적 발견', 즉 "있다고 전해져 내려오는 미지의 남방대륙이 존재하지 않는다는 사실을 입증하는 어려운 과업을 완수했다"고 평가했다. 쿡의 2차탐사는 항해사적으로도 매우 중요한 의미가 있다.

당시에는 아직 경도를 정확하게 측정하지 못하고 있었다. 1530년 독일의 천문학자 프리시우스가 "지구는 둥글기 때문에 경도 15°마다 1시간씩 변하므로 시간을 정확하게 잴 수만 있다면 간단하게 경도를 계산해낼 수 있다"고 주장한 이래, 경도를 계산하는 문제는 정확한 시계를 개발하는 쪽으로 집중되었다. 그러나 정확한 시계를 개발하는 일이 말처럼 쉬운 것은 아니었다. 영국 의회는 1714년에 경도위원회를 구성한 뒤 실질적이고 유용한 방법으로 30마일 이내의 오차범위에서 경도를 측정할 수 있는 방법을 개발한 사람에게 2만 파운드의 상금을 주기로 결정했다.

존 해리슨이라는 목수는 1730년경부터 '타임키퍼(Timekeeper)'를 만들기 시작하여 1760년까지 총 4개의 크로노미터[정밀시계]를 제작했다.

이 가운데 1760년에 만든 크로노미터인 H4는 1761년에 있었던 성능시험에서 불과 5초밖에 틀리지 않아 경도위원회가 내건 요건을 충족시켰다. 경도위원회는 해리슨의 동의를 얻어 H4를 분해하여 새로운 복제품을 만들도록 켄달에게 지시했다. 쿡은 2차항해에서 켄달이 제작한 K1 크로노미터를 시험하라는 명령을 받았다. 쿡은 4개의 크로노미터를 휴대했지만, 그 가운데 해리슨의 H4 복제품인 K1만 제대로 작동했다. 쿡은 이 크로노미터를 '절대로 실패를 모르는 우리들의 안내자이자 믿을 수 있는 친구'라고 지칭하였다. 쿡은 항해사상 최초로 크로노미터를 활용함으로써 경도를 정확하게 측정해냈다.

2차탐사를 통해 남방대륙이 존재하지 않는다는 사실을 확인함과 동시에, 남태평양의 여러 섬을 확인하고 새로운 동식물의 표본을 수집한 쿡은 남극해를 처음으로 항해했으며, 크로노미터를 이용하여 경도를 정확하게 측정했다. 특히 3년여에 걸친 장기간의 항해에도 불구하고, 당시 항해자들에게 가장 무서운 병인 괴혈병으로 탐사대원을 잃지 않았다. 쿡은 이와 같은 공로를 인정받아 포스트 캡틴[대령과 제독 사이의 계급]으로 진급했고, 왕립협회의 정식회원으로 선출되었으며, 특히 괴혈병을 극복한 공로를 인정받아 왕립협회로부터 최고영예인 코플리(Copley) 메달을 받았다.

역사상 최고의 선장 캡틴 쿡

2차 탐사가 끝나고 해군병원에서 휴식을 취하고 있던 쿡은 해군본부가 북서항로 탐사항해를 추진하고 있다는 소식을 접하고, 자신이 이를 지휘하겠다고 자원했다. 탐사선은 2차 탐사 때 활용한 레졸루션 호와 새로 건조한 디스커버리 호를 선택했다. 그는 1776년 7월 영국을 출항하여, 대서양, 인도양을 항해한 뒤 태평양으로 진입하여 하와이를 탐사하고, 북북아메리카 대륙의 서해안을 따라 항해하여 밴쿠버 연안을 탐사하고, 북극해로 진입하였다.

1778년 8월 북극해의 70도 44분까지 진입하였으나 범선으로는 더 이상 항해가 불가능하여 북위도의 겨울을 나기 위해 하와이로 회항하였다. 그러나 하와이의 원주민이 디스커버리 호의 보트를 가져가 버리자, 대원들이 원주민이 신성시하는 제단의 울타리를 훼손하는 일이 발생하였다. 이에 분격한 원주민들이 쿡 일행을 습격했고, 그 와중에 쿡은 원주민이 던진 창에 사망하고 말았다. 조지 3세는 쿡의 사망 소식을 접하고 그에게 귀족의 문장을 추서하였는데, 문장의 증서에 "그는 모든 노력(endeavour)을 다했다"고 적었다.

캡틴 제임스 쿡은 역사상 중요한 업적을 남겼다. 우선 미지의 남방대륙이 존재하지 않는다는 사실을 확인했고, 남태평양상의 대부분 섬을 탐사하여 해도를 작성했다.

쿡의 대탐사가 완료되었을 당시에는 감비에제도·마르케사스제도의 북부, 쿡제도의 일부와 투아모투제도의 일부만이 아직 알려지지 않은 상태로 남아 있을 뿐이었다.(본문의 내용 중 일부는 필자의 책, 『해양탐험의 역사』(신서원), 15장을 정리한 것임)

12
범선의 제왕 '클리퍼선' '커티 삭'

범선, 클리퍼선에서 그 정점에 이르다

역사가 시작된 이래 인류는 돛단배를 이용하였지만, 19세기에 이르러 그 정점에 이르렀다. 18세기 말에서 19세기 사이에 이른바 증기기관을 활용한 동력선들이 속속 출현하였지만, 19세기 말까지 상선의 과반은 여전히 범선이었다. 19세기 중엽에 범선과 증기선을 비교해 보았을 때, 범선이 증기선에 비해 경쟁력이 떨어지는 분야는 속력 외에는 없었다. 그러나 선주들은 이른바 클리퍼선(clipper)으로 알려진 범선을 건조함으로써 속력의 문제도 해결하였다.

중국인이 그린 커티 삭(1870년대)
cuttysark.org.uk

16세기 이래 유럽인들이 주도했던 아시아 무역은 매우 속도가 느린 무역이었다. 18세기 말까지 유럽인들의 대 아시아 무역은 보통 1년이 소요되었다. 이 무역은 주로 영국 동인도회사나 네덜란드동인도회사가 거의 독점하여 이렇다 할 경쟁이 없었기 때문에 시간은 문제가 아니었다.

그러나 대서양 너머 아메리카의 상황은 유럽과는 판이했다. 이곳에는 아시아 무역을 독점할 국영 회사가 없었고, 창의적이고 이윤추구욕이 높은 개인들만 존재했다. 미국 독립전쟁기 동안 미국의 선주들은 빠른 선박이 약탈과 해안 봉쇄에 매우 유용하다는 사실을 체득했다. 이러한 용도로 미 동해안의 체사피크 만에서 건조된 두 대박이 스쿠너선들이 주로 활용되었는데, 19세기 초 이후 이 선형의 배들이 '클리퍼선'으로 불리게 되었다. 클리퍼(clipper)란 낱말은 영어 동사 'clip'에서 유래한 것인데, clip은 '싹둑 자르다'란 뜻이다. 즉 이 선형의 배들이 다른 선형의 배들보다 더 빨리 항해하여 가위로 잘라먹듯 항해시간을 단축하였기 때문이다. 미 동해안의 스쿠너선들이 재래선 보다 빠르게 항해할 수 있었던 것은 뱃머리가 칼날같이 뾰족하고, 장폭비가 크고, 선체가 V형으로 건조되었기 때문이었다.

17세기 이후 조선공들은 속력이 빠른 배는 "앞쪽은 대구처럼 둥글고 뒤쪽은 고등어처럼 좁아야 한다"고 생각했다. 그러나 1836년 영국인 마크 보포이는 이를 수학적으로 반박했다. 1840년 뉴욕의 조선공인 존 윌리스 그리피스는 고등어처럼 좁은 고물은 배의 속도를 저해하는 와류를 발생시킨다는 보포이의 주장이 사실임을 입증하였다. 그리피스는 모형선박 실험을 통해 보포이의 주장처럼 배의 길이가 길수록 속력이 빨라진다는 점도 증명하였다. 이전까지 범선의 장폭비는 4~5:1 정도였다. 그러나 이제 속력이 빠른 범선은 장폭비가 7~8:1로 길어졌다. 결과적으로 그리피스의 주장처럼, 이물은 뾰족하고, 고물은 둥글고 장폭비가 큰 새로운 형태의 세대박이 범선이 출현하게 되었는데, 기존 선박보다 속력이 최대 3배가량 빨라졌다.

이미 미국 독립전쟁이 끝난 뒤 미국에서도 차를 마시는 것이 널리 유행하여 미국인들도 중국의 광동 항에 입항하기 시작했다. 미국의 차 수요자들은 항해 중 차가 썩을 수 있었기 때문에 중국에서 들어온 차 가운데 처음으로 들어온 차가 가장 좋다고 생각하여 이 차를 기꺼이 구입하려고 하였다. 그렇게 해서 입항 예정일보다 일찍 들어온 배의 차에는 비싼 할증료가 부가되었다. 1844년 뉴욕 선적의 후쿠아 호(Houqua)는 광동에서 인도양을 거쳐 희망봉을 돌아 뉴욕까지 1만 5천 마일을 95일 만에 항해하였는데, 이는 기존 선보다 무려 16일이나 빠른 항해기록이었다.

후쿠아는 광동으로 되돌아갈 때는 90일 만에 주파하

였는데, 이는 기존 선보다 23일이나 단축한 것이었다. 후쿠아보다 아홉 달 뒤에 진수된 레인보우 호는 처녀항해 때는 좋은 속력을 내지 못했지만, 2항차 때는 광동에서 뉴욕까지 84일 만에 귀항함으로써 후쿠아 호의 기록을 깼다.

이 두 선박은 이후 선박사에 엄청난 영향을 끼쳤다. 그것은 단 한 번의 항해만으로 선박 건조비보다 더 많은 수입을 올렸던 것이다. 이제 선주들이 선박을 어떻게 건조해야 하는지는 명백해졌다. 미국의 조선소에는 클리퍼선을 건조해달라는 주문이 쇄도하였다.

영미 간 '차 운송 경쟁'

1846년 12월, 그리피스는 자신의 실험을 현실화시켜 뉴욕에서 '시 위치(Sea Witch)' 호를 진수시켰는데, 이 시 위치 호야말로 진정한 의미에서 최초의 클리퍼선이라고 부를만하다. 왜냐하면 클리퍼선의 우수성을 이론과 실험으로 입증한 그리피스 자신의 첫 신조선이었기 때문이다. 시 위치 호는 그 조선공의 명성에 걸맞은 항해기록을 달성하였는데, 광동에서 뉴욕까지 74일 만에 주파하

양키 클리퍼선으로 최초로 런던에 입항한 Oriental 호
자료 : R. Woodman, *The History of the Ships*, p.154.

였다. 이는 평균 6.7노트에 달하는 속력을 낸 것이다.

대서양 너머에서 클리퍼선의 눈부신 활약은 영국인들에게도 영향을 끼쳤다. 항해법이 폐지된 1849년 이후 영국 항로에도 외국 선박들이 취항할 수 있는 길이 열렸다. 빠른 속력으로 중국의 차를 운송한 경험을 쌓은 양키 선주들이 이 귀중한 항로를 가만둘 리 없었다. 1850년 오리엔탈 호(Oriental)가 미국적 클리퍼선으로는 처음으로 런던항에 입항하였다. 이는 이후 미국과 영국 간

태핑 호와 세리카 호(1866년)
자료 : Woodman, *The History of the Ships*, p.155.
설명 : 앞이 태핑 호, 뒤가 세리카 호

의 이른바 '차 운송 경쟁(tea race)'을 촉발시킨 시발점이 되었다. 항로가 개방되자마자 양키 클리퍼선들이 중국-영국 간 차 무역에서 막대한 이익을 거뒀고, 이는 영국 선주들의 분발을 촉발하였다. 영국 선주들은 전체적으로 양키 클리퍼선보다 작은 클리퍼선을 건조하여 미국 선주들에게 대항하였다. 이렇게 해서 중국 차 무역 항로에 취항하게 된 영국 클리퍼선인 태핑 호(Tapping), 아리엘 호(Ariel), 세리카 호(Serica) 등이 영국 선주들의 명성을 지킬 수 있었다.

범선의 제왕 클리퍼선 '커티 삭'

양키 클리퍼선과의 차 운송 경쟁에서 영국의 우위를 확보하기 위해 스코틀랜드의 선주인 조크 윌리스(Jock Willis)가 역사상 가장 유명한 클리퍼 선을 2만 5천 파운드를 들여 1869년에 진수하였다. '커티 삭' 호로 명명된 이 클리퍼선은 현재까지 가장 유명한 범선의 이름이자, 위스키의 이름, 그리고 현존하는 유일한 클리퍼선으로서 명성을 얻게 된다. 커티 삭(cutty sark)이란 스코틀랜드인들이 입는 짧은 여성용 속옷(short petticoat)을 가리킨다. 그 유래는 로버트 번스의 시 '샌터의 탬(Tam O'Shanter)'에서 따온 것이라고 한다.

이 시는 매혹적인 속옷 차림을 한 마녀 내니(Nannie)가 번개가 치는 날 밤에 말을 타고 달리는 농부를 쫓다가 말의 꼬리만 잡고 농부를 놓치고 만다는 내용이다. 그래서 커티 삭 호의 선수상은 이 시에 나오는 마녀 내니의 형상이다. 선주인 윌리스는 1년 전에 애버딘의 선주인 조지 톰슨이 취항시킨 클리퍼선 '테르모필레' 호와의 경쟁에서 이겨야만 했다. 테르모필레 호와 커티 삭 호는 크기만 약간 다를 뿐 거의 동형선에 가까웠다. 963

항해 중인 커티 삭 호
자료 : Woodman, *The History of the Ships*, p.157.
Richard Woodget 선장이 촬영한 매우 희귀한 사진임.

등록톤인 커티 삭 호가 947 등록톤인 테르모필레 호 보다 약간 컸다.

커티 삭 호는 길이 85.4m, 너비 11m, 깊이 6.7m의 제원에서 주갑판에서 주돛대의 높이가 46m였다. 돛대는 3개를 설치하였는데, 이물돛대에만 네모돛 5개, 주돛대에 네모돛 6개, 고물 돛대에 네모돛 5개 등 총 38개의 돛을 달아 돛 면적만 3035 평방미터에 달해 최고 17.5노트까지 항해할 수 있었다. 용골은 48×43cm짜리의 느릅

나무를, 외판은 15cm 두께의 인도 말라바르산 티크 나무를 사용하였다. 선원은 26명 정도였다. 1870년 2월 16일, 커티 삭 호는 처녀항해로 조지 무디(George Moodie) 선장의 지휘 하에 위스키와 맥주, 와인 등을 싣고 상하이로 출항하였다.

커티 삭 호는 희망봉을 돌아 인도양을 거쳐 1870년 6월 2일 상하이에 입항하여 짐을 풀었다. 다시 1450톤의 차를 실은 커티 삭 호는 6월 25일 출항하여 1870년 10월 13일 런던항으로 귀항하였다. 커티 삭 호는 이후 8차 항해동안 차 운송으로 이익을 거두었지만, 가장 빠른 차 운송선의 지위는 경쟁선인 테르모필레 호에게 자리를 내줘야 했다.

커티 삭, 차 운송에서 퇴출되다

커티 삭 호가 취항한 1869년은 세계 해운사에서 주목할 만한 해이기도 했다. 왜냐하면 이 해에 수에즈운하가 개통되어 아시아와 유럽 간의 해상로를 크게 단축시켰기 때문이다. 다른 말로 하면 이제껏 중국 차 운송을 지배해왔던 클리퍼선의 우위가 사라지게 되었다는 것

그리니치 선거에 계류 중인 커티 삭(필자 촬영)

을 의미했다. 결국 1875년경에 이르면 중국과 유럽 간의 차 운송 무역에서 기선이 우위를 차지하기에 이르렀다. 이는 차 클리퍼선의 운항에도 영향을 미치게 되었고, 결국 커티 삭 호도 더 이상 중국-영국 간 차 운송에서 경쟁력을 상실했음을 뜻했다. 커티 삭 호는 1877년 마지막으로 중국 차를 런던에서 하륙한 것을 끝으로 차 운송에서 쫓겨나야 했다.

1878년 4월 차를 선적하기 위해 상하이에 입항한 커티 삭 호는 더 이상 차를 수배할 수 없게 되었다. 운송할 차나 화물을 수배하는 데 실패한 팁태프트(Tiptaft) 선장은 1878년 10월 1등 항해사인 제임스 월러스(James Wallace)에게 선장직을 물려주고, 하선하였다. 존 월러스 선장의 지휘 하에 커티 삭 호는 석탄, 쥬트, 우편물 등을 운송하는 데 종사하였다.

1880년은 커티 삭 호의 생애에서 가장 뼈저린 한해였다. 선원들에게 지독하게 굴어 증오의 대상이던 1등항해사 시드니 스미스가 존 프란시스를 살해한 사건이 발생한 것이다. 제임스 월러스 선장은 시드니 스미스를 감금하였지만, 실습선원 6명을 제외한 나머지 선원들은 일 하기를 거부했다. 1880년 9월 5일 커티 삭 호가 잔잔한 자바 해를 항해하는 동안 월러스 선장은 자신의 항해 경력이 끝났음을 깨닫고, 바다에 뛰어들어 자살하고 말았다. 그런데 이후 취해진 조치들은 상황을 더욱 악화시켰다. 왜냐하면 신임 선장이 자질이 부족한 데다 늘 술에 쩔어 지내는 것으로 유명한 윌리엄 브루스 선장이 임명되었기 때문이다.

그는 3년 동안 커티 삭 호의 선장으로 승선하는 동안 부식을 충분하게 싣지 않아 식량을 구걸해야 했고, 배에 콜레라가 발생하는가 하면, 순다해협을 항해할 때는 거의 좌초할 뻔 하기도 했다. 1882년 4월 10일 뉴욕 항에 입항했을 때 커티 삭 호는 '플라잉 더취 호'처럼 선원의 절반이 굶어 죽었고, 돛은 갈기갈기 찢어졌으며, 삭구는 썩어 있었다. 결국 선주는 브루스 선장을 하선시키고 무어 선장(Frederick Moore)을 승선시켰다. 무어 선장은 1883~85년까지 승선하는 동안 호주와 유럽 간 양모 운송에 종사하여 커티 삭 호의 생애에서 최상의 운항실적을 기록하였다. 무어 선장은 시드니-런던 간을 80일 만에 주파하기도 했는데, 이는 당시 최고 기록이었다. 물론 이 기록은 곧 테르모필레 호에 의해 깨어졌다.

커티 삭, 최고 속력 17.5노트를 기록하다

1885년 무어 선장의 후임으로 리처드 우드짓(Richard Woodget) 선장이 임명되었다. 우드짓 선장은 뛰어난 지도력을 발휘하여 커티 삭 호와 선원들로부터 최상의 결과를 이끌어냈다. 그는 격랑의 40도 대의 무역풍을 이용하기 위해 다른 어떤 선장보다 더 남쪽으로 항해하였다. 이는 남미 남단의 케이프 혼 부근의 유빙과 조우할 위험이 있었기 때문에 다른 선장들은 항해하기를 꺼려하는 항로였다.

그러나 우드짓 선장에게는 다행스럽게도 커티 삭 호는 유빙을 무난히 헤치고 항해하여 항해시간을 크게 단축할 수 있었다. 우드짓 선장은 첫 항해에서 런던에서 시드니까지 77일 만에 항해하였고, 귀로시에는 73일 만에 주파하였다. 이 기록을 통해 커티 삭 호는 숙적인 테르모필레를 제치고 1인자의 자리에 올랐다. 뿐만 아니라 1889년 7월 25일, 커티 삭 호는 최신식 기선인 브리타니아 호 보다 빨리 항해하는 엽기적인 기록을 달성하였다. 당시 브리타니아 호는 14.5~16노트로 항해 중이었는데, 당시 브리타니아 호의 당직사관이었던 로버트 올리베이(Robert Olivey) 2항사는 놀라 헥터 선장을 호출하여 범선이 자신의 배를 추월한다는 사실을 보고하였다. 당시 브리타니아 호의 항해일지에는 "범선이 우리 배를 추월하여 지나갔다"라고 기록되어 있다.

이러한 항해기록을 통해 커티 삭은 이후 10여 년 동안 호주 양모 항로에서 압도적 우위를 점할 수 있었다. 그 결과 커티 삭 호는 '가장 빠른 배(the fastest ship)'이자 '영국인들에게 1월 양모를 팔 수 있게 만들 마지막 기회의 배(last chance ship to make the English January wool sales)'로 알려지게 되었다.

커티 삭, 포르투갈에 매각되어 '페레이라'호로 개명

1890년대가 되면 호주-영국간 양모 운송 시장에서 기선이 잠입하기 시작하여 범선의 경쟁력이 크게 악화되었다. 이제 커티 삭 호도 양모 운송으로 이익을 남길 수 없는 상황에 봉착하였다. 선주인 존 윌리스는 1895년 브리스베인을 출항하여 런던으로 귀환한 커티 삭 호를

2100파운드에 포르투갈의 선사인 페레이라(J.Ferreira)에 매각하였다. 선적이 포르투갈로 바뀐 커티 삭 호는 이제 페레이라 호로 개명되었지만, 선원들은 여전히 커티 삭의 스페인어에 해당하는 '페퀘나 카미솔라'호로 불렸다. 페레이라 호는 20세기 초까지 포르투갈을 모항으로 하여 리우와 뉴올리언즈 간에 정기적으로 취항하였다. 이때도 페레이라 호는 16노트로 항해할 수 있었다고 선원들은 전하고 있다.

1922년 1월 페레이라 호는 폭풍우에 떠밀려 크게 파손되어 팔머스로 피항하지 않을 수 없었다. 다행히도 수리를 마친 뒤 포르투갈로 귀환한 페레이라 호는 다시 다른 포르투갈인에게 매각되어 '마리아 도 암파로(Maria do Amparo)' 호로 개명되었다. 그러나 퇴역선장이자 훈련선을 운용하고 있던 윌프레드 다우맨(Wilfred Dowman)이 이를 3750파운드에 매입하여 다시 옛 이름인 커티 삭으로 개명하고 팔머스로 가져왔다. 이 선가는 커티 삭의 1895년도 선가보다 약간 더 비싼 가격이었다.

다우맨은 1922년부터 커티 삭 호를 훈련선으로 활용하다가 1936년 사망하였다. 이후 그의 미망인이 더 이상 운용할 수 없게 되자 1938년 커티 삭 호를 템즈 항해학교(Thames Nautical Training College)에 매각하여 켄트 주의 그린하이트로 항해하였다.

1938년부터 1950년까지 훈련선으로 사용되던 커티 삭 호는 1951년 브리틴 축제에 관선용으로 재매각되어 런던으로 이동하였다. 그러던 중 런던해양박물관의 프랑크 카(Frank Carr) 관장의 주도 하에 커티 삭 보존위원회가 구성되었다. 마침내 영국의 에딘버러 공작을 후원자로 한 보존위원회가 엘리자베스 2세의 즉위 기념으로 커티 삭 호를 매입하였다.

1954년부터 현재까지 영국 근교 그리니치의 선거에 안치된 커티 삭 호는 대영제국의 영광을 상징적으로 보여주는 범선으로서 전 세계 1500만 명이 관람하였다.

현존 세계 유일의 차 운송선 커티 삭

커티 삭 호는 19세기를 지배했던 수많은 클리퍼선 가운데 현존하는 유일한 범선이라는 영예를 차지하면서 전 세계인의 사랑을 받고 있다. 이는 단순한 수식어에 그친 것이 아니다. 커티 삭을 눈으로 직접 관람하게 되면 그 유려한 선체와 돛대, 그리고 돛대에 나부꼈을 돛들을 상상하는 것만으로도 커티 삭이 인류의 위대한 유산 중의 하나라는 주장에 공감하게 된다.

참고자료

김재근(1993), 『배의 역사』, 정우사.

김재근(1994), 『續韓國船舶史研究』, 서울大學校 出版部.

새뮤엘 윌러드 크럼프톤, 『탐험과 항해의 세계사 : 드레이크와 해상무역의 제패』, 생각의 나무, 2005.

허일·김성준·崔云峰 편역, 『중국의 대항해자 정화의 배와 항해』, 심산, 2005.

席龍飛, 『中國造船史』, 湖北教育出版社, 2000.

Allen, Oliver E., *The Pacific Navigators*, Time-Life Books, 1980.

Bunk, Lutz, 안성찬 역, 『역사와 배』, 해냄, 2004.

Casson, Lionel, *Ships and Seafaring in Ancient Times*(1994), 김훈 역, 『고대의 배와 항해이야기』, 가람기획, 2001.

Cuyvers, Luc, *Sea Power; A Global Journey*(Naval Institute Press; Maryland, 1993); 김성준 옮김, 『역사와 바다 : 해양력의 세계 여행』, 해사문제연구소, 1999.

Cuyvers, Luc, *Setting Sail*, Tide-Mark Press, 2004.

Dash, Mike, 김성준·김주식 옮김, 『미친 항해 : 바타비아 호 좌초 사건』, 혜안, 2012.

Gilbert, John, *Charting the Vast Pacific*, Reader's Digest Association, 1971.

Hale, John, 『탐험시대』, 한국일보타임라이프, 1979.

Kemp, Peter, *The History of the Ship*, London ; Book Club Associates, 1978.

Krahl, Regina et al., *Shipwrecked : Tang Treasures and Monsoon Winds*, Smithsonian Institute, 2010.

McGrail, Seán, *Ancient Boats and Ships*, Shier Archaeology, 2006.

Woodman, Richard, *The History of Ship*, Conway Maritime Press, 1997.